人材紹介のプロがつくった

発達障害の人の転職ノート

石井京子・池嶋貫二・林 哲也 著

弘文堂

はじめに

　発達障害のある人の就労を支援する本シリーズは、『発達障害の人の就活ノート』(2010年)から始まり、本著でシリーズ第8弾となりました。続編を読者の皆様が待っていてくださることも嬉しく、より役立つものをお届けしようという励みになっています。近年、発達障害のある人の就労が進み始めて年月が経ち、就業経験を積んだ方がキャリアアップのためにも転職を一つの選択肢と考え、次のステージを目指す状況が到来したという点で、何よりも感慨深いものがあります。

　就職活動は障害のあるなしに関わらず、誰にとっても簡単なものではありません。ましてや、転職となるとさらに難易度が高くなります。それでも真剣に就職を願う方、転職を望む方から相談があれば、お一人おひとりの希望の実現のために、いつでもお役にたちたいと思っています。それは、発達障害のある人の中には、高い能力を持ちながらも、ほんのちょっとした考え方の違いや、コミュニケーションエラーによる行き違いが原因で、トラブルを抱え、退職せざるを得なかった経験を持つ人が多いからです。

　また、就業していても日々不安な思いで過ごしている方が少なくないことも知っています。「現状を変えたい」と転職を希望する人は多いですが、転職で現在の辛い環境から脱出すれば、問題がすべて解消するわけではありません。転職を目指すからには、より慎重にならなくてはなりません。転職を成功させるためにも、発達障害のある人が転職を考えるときに読んでいただきたいことを一冊にまとめました。

『発達障害の人の就活ノート』が障害者雇用枠での就職活動のガイドブックであるなら、本著は転職活動のガイドブックです。転職を考えたときに、どんな準備をすればよいか、考え方、取っておくべき資格や面接対策まで網羅しました。利用できるチャネルなど必要な情報もすべて掲載されています。ただし、単なるガイドブックの役割にはとどめず、発達障害のある人のキャリア開発、長い職業人生をどのように過ごしていくか、さまざまな問題をどう乗り越えていくかのヒントや情報もできる限り掲載したつもりです。一人ひとりのキャリア人生は、就職や転職が一度成功したからといって、努力を止めていいわけではありません。誰にとっても職業人生はあくなき挑戦です。常に創意工夫と努力を重ねながら成長していくことに意義があると考えています。その意味では本著は、転職のためのガイドブックであり、就労の現場でキャリアを継続する皆さんへのエールでもあります。

　障害者雇用の現状は大きく変化し、発達障害のある人の就職件数は急速に増えつつあります。そして、今後は発達障害のある人の中には現在の職場に飽き足らず、自身のキャリアアップのために、より活躍できるステージを求め羽ばたいていく人も出てくるでしょう。採用する側の企業は発達障害のある人に合う仕事を確保するだけではなく、将来のキャリア設計を担っていく義務があります。多くの職場でお互いの理解をさらに深め合い、活躍することができる職場、誰もが働きやすい社会が実現することを期待いたします。本著が社会で活躍する発達障害のある人にとって、今後のキャリアを考えるうえでの大きなヒントとなれば幸いです。

石井京子

目次

はじめに

第1章　発達障害の人のキャリアデザイン ……………… 1

発達障害の人と転職 ……………………………………… 2
就職から転職へ …………………………………………… 4
雇用環境の変化 …………………………………………… 9
転職の背景 ………………………………………………… 12
発達障害のある人の転職事情 …………………………… 13
発達障害のある人は転職が多い？ ……………………… 17
転職すべきでない人 ……………………………………… 19
転職に必要なキャリアプラン …………………………… 22
転職を考えるとき ………………………………………… 26
新卒採用と転職市場 ……………………………………… 28

コラム　**発達障害と障害者雇用促進法**　小島健一 ……… 30

第2章　精神科医からみる発達障害の人の転職 ……… 37

Q 休職中に発達障害と診断されました。自分に合った仕事に就くために、転職した方がよいでしょうか？　38

Q 現在の職場には自分に合う仕事がありません。異動を希望してもいいでしょうか？ …………………… 42

Q 仕事量が少なく、手隙の時間が多いと不安です。　49

Q 面接で主治医の意見を求められました。 ………… 56

Q 医師からみて、転職すべきでない人を教えてください。 …………………………………………………… 58

Q 自分の能力に見合った資格を取って、転職を考えてもいいでしょうか？ ……………………………… 62

コラム　**障害者実習、インターンシップで意識したいこと**　奥脇 学　63

第3章　知っておくべき制度やルール …………… 69

- Q 会社を休みがちで有給休暇を使いはたしてしまいました。この後はどうすればよいでしょうか？ ……… 70
- Q 通院のための休暇はできるだけ減らす方がいいのでしょうか？ …………………………………………… 72
- Q 仕事のないときにインターネットを見ていてもよいですか？ ………………………………………………… 74
- Q 休憩時間中の長電話は問題ありませんか？ ……… 76
- Q 依頼されたら残業しなければなりませんか？ …… 78
- Q 仕事内容が当初予定されていた内容から何度も変わり、定まりません。 ……………………………… 80
- Q 発達障害の診断を受けるように指示されました。どうすればよいですか？ ……………………………… 82
- Q 休職復帰する際、これまでの仕事ではない事務職を希望することはできますか？ ……………………… 84

コラム　就業時における合理的配慮　井澤信三 ……… 86

第4章　転職までの準備 …………… 93

- キャリアチェンジの負担 ………………………………… 94
- 転職の理想と現実 ………………………………………… 95
- 転職活動のスケジュール ………………………………… 96
- 準備期間 …………………………………………………… 97
- 転職に有利な資格を取得する …………………………… 99
- 履歴書の書き方 ………………………………………… 101
- ポジティブな退職理由 ………………………………… 104
- 転職活動に有効なチャネル …………………………… 109
- 5年ルール ……………………………………………… 115
- 転職の決断 ……………………………………………… 116

| コラム | 発達障害と障害者虐待防止法　髙島章光 …………… **118** |

第5章　転職活動の実践とその事例　……………… **125**

　　　　転職活動の実例 …………… **126**
　　　　30代女性Aさんの場合（ADHD、専門学校卒）……… **127**
　　　　20代男性Bさんの場合（アスペルガー症候群、高卒） **131**
　　　　40代男性Cさんの場合（アスペルガー症候群、大卒） **135**
　　　　30代女性Dさんの場合（広汎性発達障害、短大卒）… **139**
　　　　20代男性Eさんの場合（広汎性発達障害、大学院卒） **143**
　　　　5つの転職事例から見える課題 …………… **147**
| コラム | 発達障害の部下から学んだ、人を育てる技術　高塚苑美… **151** |

第6章　発達障害の人のキャリア開発と活躍 ……… **157**

　　　　発達障害の人のキャリア育成 …………… **158**
　　　　キャリアカウンセリングのあり方 …………… **160**
　　　　発達障害のある人が目指す将来 …………… **162**
　　　　あなたがすべきこと、あなたに求められていること **165**
　　　　目標管理の仕方 …………… **166**
　　　　職場での人事評価について …………… **170**
　　　　異動を希望するとき …………… **174**
　　　　自分らしく働く …………… **176**
　　　　発達障害の人が活躍する未来 …………… **178**

　　おわりに

発達障害の人のキャリアデザイン

発達障害の人と転職

就職件数の増加

　著者の仕事は、障害や難病を持つ方への就労支援です。相談に訪れる発達障害のある人の多くが、就職活動の進め方がわからずに困っている様子だったことから、彼らに向けての就活ガイドブックとして『発達障害の人の就活ノート』を上梓したのが2010年でした。当時は医療、教育、福祉の分野では発達障害への理解が進んできていたものの、実際に当事者を受け入れる立場である一般企業は、発達障害の言葉は知っていても具体的にどのような障害なのかがわからないという状況にありました。

　その後、発達障害のある人の就職件数は徐々に増加し、現在、著者の元を訪れるのは、職場でのさまざまな困難や課題から一般就労で就業した会社を退職し、ポジティブな意志で障害を開示しての再就職の相談にいらっしゃる当事者がほとんどです。

　最近では、支援事業の充実により、発達障害のある人が就労移行支援事業所などで職業訓練を受け、社会に出るための準備を整えてから就職・再就職にチャレンジすることも多くなってきました。そのようなサポート事業により、障害者雇用の間口が広がることは大変喜ばしいことと言えます。

転職希望者の増加

　ここ数年、当事者からの相談内容に変化が生じています。もちろん大

学生、第二新卒の当事者からは就職活動をどのように進めたらよいかという相談が多いことに変わりはありませんし、一般枠で就業中の発達障害のある人が、特性に合わない職場で孤立し、障害を開示して働くことを選択するべきか迷っている、という相談も減りません。

　その一方で、障害者雇用枠で就職された方の転職に関する相談が増えてきました。数年間の就業経験を積み実力を蓄え、より自分の希望に沿った環境を求め、転職を考える人も増えてきているように思います。就業経験を積むことで、自信をつけ、次のスッテプアップを目指すのは当然のことです。

　本書では、現在就業中の発達障害のある人の現状を伝えるほか、どのような理由から再就職を希望するようになったのか、また、それまでにどのような具体的な準備が必要なのか、当事者の事例を含めて紹介していきます。

　転職は誰でもが簡単にできるものではなく、決して安易に勧められるものではありません。

　発達障害のある人が、現在の職場で解決できない課題を抱えているとするならば、転職は就職よりはるかに難しいと言えます。しかし、すでに社会で活躍する発達障害のある皆さんが、将来のキャリア形成のために転職を考える機会を持つことは、第三者の視点で自分を客観的に見直すことになりますので、とても重要です。ポジティブな転職のためにも、自分が現在どのように仕事ができているのかを整理し、志望企業に伝えるための方法を考えなくてはなりません。職場における自分の役割についてきちんと語れるようになることは、転職時はもちろん、現職でも必須のことではないでしょうか。

　今後のキャリア形成のために、現在の自分の状況を確認することから始めてみましょう。

就職から転職へ

発達障害のある人の雇用状況

　現在、日本では身体障害、知的障害、精神障害のうち、どの障害のある人を雇用しても障害者の法定雇用率の算定に含まれます。しかしこれまで、現実には障害者雇用の中心は身体障害者の人にあり、発達障害の人が企業に応募しても、採用に結びつきにくいという残念な状況が続いていました。

　その後、医療、福祉、教育といった特定の分野で発達障害が知られるようになり、2005（平成17）年4月1日、発達障害者支援法の施行がさらなる理解を推し進めることになりました。発達障害者支援法は、自閉症、アスペルガー症候群その他の広汎性発達障害、学習障害、ADHD（注意欠如・多動性障害）などの発達障害を持つ人の援助等に関する法律です。これにより発達障害の定義と社会福祉法制における位置づけが確立され、当事者に対する福祉的援助の道が開かれました。

　こうした法整備の充実から、少しずつ発達障害への理解も広がり、さらに障害者の法定雇用率の引き上げも相まって、一般企業の障害者雇用枠も身体障害者から知的障害者、精神障害者へとその対象を広げるようになりました。

　そうした状況の中で、発達障害のある人の真面目さや、集中して仕事に取り組む姿勢が注目されるようになり、数年前からは発達障害のある人の就職件数が増加してきたように感じます。その特性に注目し、発達障害者に特化した採用を行う企業も出現しています。

発達障害のある人の雇用促進

　発達障害者の雇用は特例子会社で急速に進んでいきました。特例子会社とは障害者の雇用に特別に配慮し、一定の要件を満たしたうえで厚生労働大臣の認可を受け、障害者の法定雇用率の算定において親会社の一事業所と見なされる子会社です。その中の一部を紹介しますと、東京海上ビジネスサポート（株）、トーマツチャレンジド（株）では、発達障害のある社員5名に1名程度の支援員を配置し、十分なサポート体制で当事者を雇用しています。その他、（株）サザビーリーグHRでは、発達障害の人が得意とするデザイン業務やIT系の業務を用意するほか、聴覚過敏等の特性に配慮し、ゆったりした座席配置を取り入れています。

　次いで発達障害のある人の雇用を積極的に進める企業にグリービジネスオペレーションズ（株）があります。こちらでは、発達障害を主とする約30名の社員が活躍しており、個々の特性に合わせた働きやすい環境が用意されているのが特徴です。正面の視線を遮り、視覚過敏の人が仕事に集中できるよう、パーティーションを机上正面に配置した座席や、その日の体調に合わせて自席以外で落ち着いて仕事ができるように配慮した「集中スペース」もあります。一方で、障害特性による疲れやすさや過集中への配慮として休憩室もあります。

　「コミュニケーションエリア」では、社員同士のコミュニケーションを深めるために、自社ゲームをプレイできるタブレット端末や、将棋、UNO、オセロなどの各種ゲームを揃えているそうです。壁面ホワイトボードには全社員の業務や連絡事項などが見やすく掲示され、口頭による指示や伝達が苦手な発達障害のある社員にとってのコミュニケーション手段として役立っています。

　また、感覚過敏の人のためのサポートとして、イヤーマフやサングラ

スも用意されています。さらに、社内制度として代表者との1対1の面談制度、リーダー＆サブリーダー制度、人事評価制度、表彰制度、週に一度のカウンセリング制度、組織内コミュニケーションを活性化させるために、社内行事への補助制度もあります。

管理業務のスタッフは障害者職業生活相談員の資格を持ち、常時、発達障害のある社員にとっての働きやすい職場づくりを進めています。

一般企業の障害者採用

日本の民間企業（従業員数50人以上）では、従業員数の2.0%（2016年現在、2018年に見直し予定）の割合で障害のある人を雇用することが義務付けられています。多くの企業は、この法定雇用率のクリア（雇用率を満たす数の障害者を継続雇用すること）に熱心に取り組んでいます。雇用率のクリアが企業の目標である以上、雇用率が維持できている間は障害者雇用枠での新たな求人はありません。欠員が出たときにあらためて採用活動が行われます。制度の変更（法定雇用率の引き上げ、納付金制度の拡大、除外率の変更、雇用保険制度の変更など）や組織改正（企業の吸収・合併、カンパニー制度の導入など）により、従業員数に大きな変化が生じた際、障害者雇用率にも大きな影響が出るため、障害者採用を緊急に開始しなければならない状況が発生することもあります。

しかし、企業は基本的に自社の状況に合わせて障害者雇用を進めているため、通常は退職者の補充という考え方が一般的です。一方で、雇用率を一気に引き上げる必要のある企業は、新しいプロジェクトを立ち上げ、積極的に障害者雇用に取り組むケースもあります。ハローワークを通じた障害者の就職件数（**表1**）からも、身体障害の求職者数は横ばいから微減に転じ、知的障害者、精神障害者の雇用が伸びているのがわか

ります。

　つまり現在、障害者雇用の採用対象の中心は精神障害、知的障害へと広がりつつあるのです。そこで企業は、真面目で仕事の手順さえ理解すれば確実に実行できる人の多い、発達障害のある人たちに注目し、採用を始めています。一般企業の障害者雇用枠において、発達障害のある社員が数十名働いていることも、もはや珍しいことではありません。

表1 2015（平成27）年度障害者の職業紹介状況等

	新規求職申込件数	対前年度 （前年度比）	就職件数	対前年度 （前年度比）
身体障害者	63,403 件	1,862 件減 （2.9% 減）	28,003 件	172 件減 （0.6% 減）
知的障害者	33,410 件	1,097 件増 （3.4% 増）	19,958 件	1,235 件増 （6.6% 増）
精神障害者	80,579 件	7,097 件増 （9.7% 増）	38,396 件	3,858 件増 （11.2% 増）

出典：厚生労働省

若者が職に就くことの難しさ

　発達障害のある人に限ったことではありませんが、新卒定期採用のタイミングを逃してしまうと、正社員として採用されるチャンスが少なくなります。一方で、新規学卒者の離職状況（厚生労働省、2015 年 10 月発表）によれば、卒業後 3 年以内離職率は高校卒業者で 40.0％、大学卒業者で 32.3％となっています（図1）。企業規模、業種により離職率はかなり異なりますが（図2、表2）、少なくともこれまでの終身雇用を当然とする「日本的雇用慣行」が衰退し、「新規学卒就職」モデルではなくなってきているのが現実のようです。

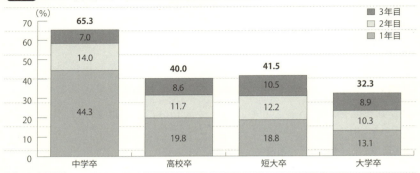

図1 2012（平成24）年3月新規学校卒業者の離職率

出典：厚生労働省

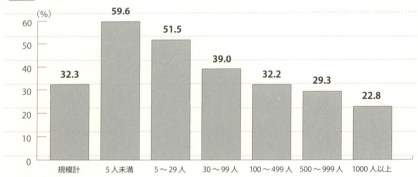

図2 2012（平成24）年3月新規大学卒業者の事業所規模別卒業3年後の離職率

出典：厚生労働省

表2 2012（平成24）年3月新規大学卒業者の産業別卒業3年後の離職率（上位5位）

宿泊業・飲食サービス業	53.2%
生活関連サービス業・娯楽業	48.2%
教育・学習支援業	47.6%
サービス業（他に分類されないもの）	39.1%
小売業	38.5%
調査産業計（平均）	32.3%

出典：厚生労働省

雇用環境の変化

採用基準の変化

　少子化による労働力不足が語られながらも、新卒採用における大手企業の採用基準は高止まりです。一部の優秀な学生が複数の企業の内定を集める一方で、多くの学生は最低でも数十社、多い場合は百社以上の企業にエントリーし、それでも不合格が続くのが一般的です。

　時代をさかのぼると、1970年～1985年の有効求人倍率は0.6倍～0.7倍で推移していました。バブル時代に入ってからは企業が大幅に雇用を増やし、1988年からは有効求人倍率が1倍以上を上回る時期が続きました。しかし、1990年1月より株価や地価の暴落が起こり、「バブル崩壊」と呼ばれる様相を呈し、1991年安定成長期の終焉を迎えます。その後、景気はゆるやかに回復し、1997年時の新卒採用は持ち直しましたが、1997年～1998年にかけて大手金融機関が相次いで破綻、就職状況は再び悪化しました。企業の業績悪化や新興国とのグローバル競争激化によって新卒学生を企業人として育成する余裕がなくなり、「即戦力」を求める風潮が現れたのがこの頃です。

　バブル崩壊後、新卒学生の就職が困難であった時期（1993年～2005年）を就職氷河期と呼びます。大卒者の場合は、1970年～1982年生まれの人が就職氷河期世代に該当します。その後、輸出産業の好転で雇用環境は回復し、2005年に就職氷河期はいったん終了しました。企業における採用基準は緩和されたものの、依然として厳選採用の傾向が続いています。

一方で、1995年にWindows95が発売され、2000年代にかけて一気にIT化が進展しました。これにより定型的な仕事が減少し、IT化の進んだ企業ほど非正社員化率や外部委託が増えてきています。こうした産業構造の転換は非正規雇用の労働者を増大させ、日本の終身雇用制度の崩壊に拍車をかけました。

社会人基礎力と就職基礎能力

　現在、採用市場において重視されるのが「社会人基礎力」と「就職基礎能力」です。「社会人基礎力」は、経済産業省が2006年から提唱し、「職場や地域社会で多様な人々と仕事をしていくために必要な基礎的な力」として、「前に踏み出す力」、「考え抜く力」、「チームで働く力」の3つの能力（12の能力要素）で構成されています。

　一方、「就職基礎能力」は、特に若年者の就職に必要とされる5つの能力を指し、2004年、厚生労働省により定められました。①コミュニケーション能力、②職業人意識、③基礎学力、④ビジネスマナー、⑤資格取得に関する認定講座・試験が設けられ、それらに合格した者を認定する事業は2009年に終了しています。

　社会人基礎力、就職基礎能力に類する能力は米国でのソフトスキルにあたります。ソフトスキルは、テストで測定できない技能のことで、コミュニケーション、クリティカルシンキング、問題解決力、協調性、周囲への影響力などを指し、日本同様、就職の際に重要視される能力です。

　こうした能力は、従来はOJTなどの入社後の企業内研修によって養われるものでした。しかし、産業構造の変化により、雇用環境は大きく見直され、企業は、「社会人基礎力」や「就職基礎能力」といった能力をを備えた人材を即戦力として採用する傾向を強めています。

ベンチャー企業の増加

　産業構造が転換期を迎えると、それまでになかった新しいビジネスが生まれました。時代のニーズを背景に、独自の技術や製品で急成長していく「ベンチャー企業」の登場です。ITの普及による情報化社会の急速な進展で、特に情報通信の分野では数多くのベンチャー企業が創業し、有望なベンチャー企業を選んで出資する企業も増えてきています。

　上場を果たしているベンチャー企業があることからもわかるように、ベンチャーの企業規模は必ずしも小さいものとは限りません。ベンチャー企業では、会社が成長していく中でさまざまな仕事を経験することができ、手を挙げさえすれば、自身の裁量で責任ある仕事を任せてもらえるチャンスもあります。

　しかし、すべての人にとって最適な職場環境とは言えません。ベンチャー企業では学歴や資格を備え、真面目にコツコツやってきたというような「優等生タイプ」ではなく、自ら提案し、挑戦できる人が求められています。経営者は現場でスピーディーに判断し、部下に仕事を任せます。社風も社内環境も、意思決定に要する時間もこれまでの一般的な日本企業とは異なります。ベンチャー企業が増えれば、人材の採用についても求められる条件が変化してくると思われるのです。

　順を追って日本の産業構造の変化、企業の雇用戦略の変化について説明してきましたが、これらの変化を知ったうえで、転職活動の方針、戦略を考えていく必要があります。過去の知識や情報、経験則で判断せず、自らさまざまな情報を収集し、希望する業界の業績、職場環境、採用状況等について知識を持つ人の意見を参考にすることが大切です。

　また、転職活動を開始してからも必要があれば、随時情報を更新することを心がけましょう。

転職の背景
―転職したいと考える人は多い

　厚生労働省の若年者雇用実態調査（2015年）によると、民間企業で働く若手社員の4人に1人が「転職したい」と考えています。性別では、男性で22.0%、女性で31.3%と、男性より女性の割合が多くなります。転職を希望する理由は、「賃金の条件」「労働時間・休日・休暇」といった労働環境がトップ、その次に「自分に合った仕事がしたい」等のやりがいを求める項目が続きます。この結果からも、ほとんどの人が職場で何らかの不平不満を持ち、転職を希望していることがわかります。障害者雇用枠で就業する発達障害のある人も、この報告と同じようにさらに活躍できる環境を求め、転職を望むのは当然のことです。

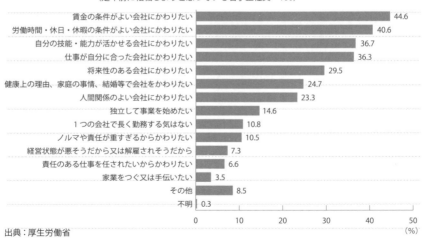

図3　定年前に転職しようと思う理由別の若年正社員割合（複数回答）

（定年前に転職しようと思っている若手正社員＝100）

理由	%
賃金の条件がよい会社にかわりたい	44.6
労働時間・休日・休暇の条件がよい会社にかわりたい	40.6
自分の技能・能力が活かせる会社にかわりたい	36.7
仕事が自分に合った会社にかわりたい	36.3
将来性のある会社にかわりたい	29.5
健康上の理由、家庭の事情、結婚等で会社をかわりたい	24.7
人間関係のよい会社にかわりたい	23.3
独立して事業を始めたい	14.6
1つの会社で長く勤務する気はない	10.8
ノルマや責任が重すぎるからかわりたい	10.5
経営状態が悪そうだから又は解雇されそうだから	7.3
責任のある仕事を任されたいからかわりたい	6.6
家業をつぐ又は手伝いたい	3.5
その他	8.5
不明	0.3

出典：厚生労働省

発達障害のある人の転職事情

発達障害のある人の転職では、一般雇用枠から障害を開示して障害者雇用枠の求人に応募する人もいれば、あるいは障害者雇用枠から一般雇用枠へという場合もあります。前向きな理由で転職を希望する場合、就業中に業務に必要な資格の取得や自己啓発に力を注いでいる人は、転職の成功につながりやすいと言えます。

以下、再就職に成功した方々の事例から、発達障害のある人の転職事情をみてみましょう。

● Aさんの場合（30代前半　男性　アスペルガー症候群）

中小企業（正社員）⇒大企業（契約社員→1年後に正社員）
【雇用形態】一般就労→障害者雇用
【年収】現状キープ

「大学卒業後、アルバイト勤務を経て従業員数50名ほどの中小企業に就職しました。主に総務と経理を担当していましたが、このくらいの規模の企業の社員は一つの担当業務だけではなく、何でもこなさなければなりません。元々要領のよいほうではありませんが、朝は早めに出勤し、毎日の残業も含めて、一生懸命に真面目に取り組んでいることで、直属の上司の覚えがよく、なんとか働き続けることができました。

発達障害がわかったのは結婚してからのことです。妻からコミュニケーションの取り方や、親戚との付き合い方など、何かおかしいのではないか、一度調べてみたらと言われ、受診したところ発達障害と診断されました。診断を受けたこと自体は特にショックを受けることもなく、

素直に受け入れました。しかし、その企業で勤務を続けることには不安を覚えました。30代になればマネジメントを求められるようになりますが、自分にはそれが難しいことがわかっていました。これまでは早出や残業で補ってきましたが、マネジメントとなるとごまかしようがありません。規模の小さい企業での自分の行く末は見つけられませんでした。

　そこで、勤め人としての自分の将来を考え、一つの業務を長く担当する職種に就けないかと考えました。そして、障害者雇用への応募を決意しました。採用選考は順調に進み、内定が出ました。転職して最初の1年間は契約社員という待遇でしたが、家族を養う必要もあり、現在の年収は譲れないところでした。結果的には前職の年収を考慮してもらえましたので、職種、年収ともに希望通りの転職となりました。経理の経験が活かせる職場に配属され、安定した勤務が可能となりました。1年後には正社員に登用され、安心して勤務を継続できています」

● Bさんの場合（20代後半　女性　アスペルガー症候群）

中堅企業（契約社員→正社員）⇒大企業（正社員）
【雇用形態】障害者雇用
【年収】現状よりアップ

　「新卒で入社した企業では新入研修もなく、上司や先輩からマンツーマンの指導を受け、給与計算や雇用保険手続を担当していました。自社だけではなく、グループ会社の業務も担当していたため、忙しく、残業時間数も多い職場でしたが、業務に習熟し、専門知識を身につけたいと週末は社会保険労務士の資格取得のために勉強を続けました。

　そして、社会保険労務士試験に無事合格し、資格を取得することができました。このまま業務を続け、キャリアアップしていくことを少しも疑っていませんでしたが、会社の事情で雇用保険手続の業務は外部にア

ウトソーシングされることになりました。その結果、これまでの多忙な状態から一転、手持ち無沙汰な時間を持て余すようになりました。

　入社して2年以上が経過し、十分に経験を積んでいたこともあり、転職を考えるようになりました。就業しながら履歴、職務経歴書作成の準備を始め、業務に支障の出ない範囲で、週末に開催される就職面接会への参加を中心に転職活動を行い、内定を得ることができました」

● Cさんの場合（30代後半　女性　ADHD、アスペルガー症候群）

> 大企業（契約社員→正社員）、派遣社員、アルバイト⇒中小企業（正社員）
> 【雇用形態】一般就労→障害者雇用
> 【年収】現状よりアップ

「一通りの対応力と、パソコンのスキルがあったことから、大手企業では契約社員として働き始め、その後、正社員に登用されました。ところが、非常に残業の多い職場であったため、少しずつ疲労が重なり、燃え尽き症候群のような状態になってしまい、退職せざるを得なくなりました。通院、治療後の数年間は長期派遣就労を継続していました。やがて、二次障害の原因として発達障害があることが判明しました。

　そして、自身の特性を理解するとともに、体調をコントロールしながら、自分に合う職種で長く働きたいと考え、その選択肢として、障害者雇用枠への応募を考えるようになりました。以前に比べると長期派遣の仕事が決まりにくくなり、生活のためにやむなくアルバイトを始め、就業しながら転職活動を続けました。アルバイトはシフト制の勤務であったことから、平日昼間の面接に対応しやすいという点で助かりました。その後、理解のある企業との出会いがあり、まったく未知の業界への挑戦ですが、正社員としての採用が決まりました」

● Dさんの場合（20代　男性　広汎性発達障害）

　一般就労新卒で入社し、最初の配属先で1年間の勤務後に異動になりました。新しい配属先の上司が威圧的なタイプで、何をやっても怒られてばかりということが続き、次第に気持ちが落ち込むようになりました。通院し、短期間休職することにより回復しましたが、気持ちの落ち込みの原因が上司である以上、復職すればまた体調が悪化するので環境を変えたいと転職を考えるようになりました。活動を開始しましたが、またすぐに辞めてしまうと思われるようで、良い結果は得られていません。

● Eさんの場合（20代　男性　広汎性発達障害）

中小企業（正社員）⇒中小企業（契約社員）
【雇用形態】一般就労→障害者雇用

　一般就労で入社し、支店に配属されました。支店の規模が小さかったため、周囲が見渡せる環境でなんとか仕事をこなしていました。本社に異動後、それまでに対応していなかった業務や会議での議事録作成などで負荷がかかり、質と量の両方に対応できず、これ以上周囲に迷惑をかけてはいけないと退職に至りました。

　その後、障害者雇用枠で再就職し、現在の業務内容に問題はありませんが、業務量が極端に少なく時間を持て余してしまう状態が続いています。そのため、もう少し仕事のやり甲斐を感じられる業務に就きたいと転職を考え、面接会に参加しましたが、次の選考に進むことができませんでした。企業は業務の切り出しに苦労しているため、本人の希望を満たす業務が用意できるかどうかで二の足を踏むかもしれません。豊富な就労経験があることは有利ですが、転職理由が選考の結果を左右するため、その理由によっては、求職中の人に比べ、就業中の人が内定を得る確率がよいとは言い切れません（p.95）。

発達障害のある人は転職が多い？

　発達障害のある人は転職回数が多いと言われています。著者がお会いした方々の中にも職務経歴書に何枚にもわたって、それまでの職歴を記載されている方がいました。発達障害のある人には正直な人が多く、経験した仕事は包み隠さずすべて記載しようとすることも特性の一つです。これに対して、一般就労では職務経歴を正直に記載しない（詐称）人が存在することも確かです。発達障害のある人の転職理由についてのアンケート結果をみてみましょう（図4）。この調査では、自閉症スペクトラム障害とADHDによって転職理由が異なるかどうかを調査しています。双方とも「仕事がこなせなかった」「職場の人間関係」「精神的にしんどくなった」が上位に入りますが、「職場の人間関係」に関しては有意差があり、自閉症スペクトラムで多くなっています。

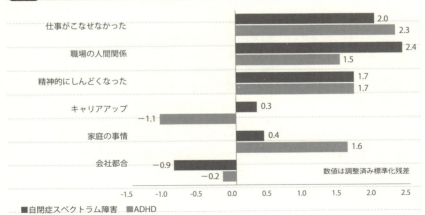

図4　発達障害のある人の転職理由

出典：ぴあさぽ！De コンサル Web サイト

第1章　発達障害の人のキャリアデザイン

この調査では、発達障害のある人は仕事で感じる精神的な負荷や、職場の人間関係によるトラブルを理由に離職し、新しい職に就くものの、再び似たような境遇に置かれるという負のスパイラルに巻き込まれている、と結論付けています。

　発達障害には自閉症スペクトラムとADHDという、それぞれ別のタイプがあり（双方の特徴を合わせもつ人もいます）、就業に関しても苦手さが異なります。自閉症スペクトラム指数と作業における苦手意識の調査では、それぞれの特徴が明確に表れています（図5）。以前から指摘されてきたように、自閉症スペクトラム障害ではコミュニケーションや臨機応変な対応を求められることを苦手とし、一方、ADHDの人は正確さを求められることや、期限を守ることを苦手とします。いずれにしても、苦手な作業をできるだけ少なくする、あるいは他の人がカバーする体制を整えるなど、就業継続には有効な対策が必要です。

図5　自閉症スペクトラム指数と作業の苦手意識

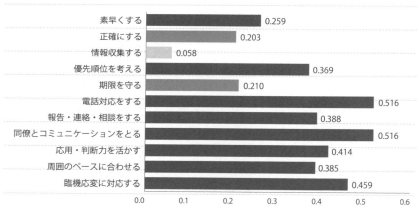

出典：ぴあさぽ！De コンサル Web サイト

転職すべきでない人

✓ 大人の発達障害に気づいていない

　発達障害のある人の中には、自分も周囲もその特性に気づかずに成人し、働き始めてから遭遇した困難をきっかけに、気持ちが落ち込むなどして医療機関を受診、診断に至る人がいます。自分の特性を知らずに過ごしてきていますので、職業選択におけるミスマッチは往々にして起こり得ます。単調な数字を扱う作業ではミスを起こしやすい傾向のある人に金融業界での勤務経験があったり、マルチタスクが苦手にもかかわらず、スピードと臨機応変さの求められる営業事務に従事した経験のある人もいます。発達障害の特性に気づかず、到底向かない業務に就き、退職せざるを得なくなった人は相当数いるものと思います。ただし、職場環境に大きく影響されますので、「業務を親切に指導してくれる人がいた」「ミスをしても多めにみてもらえる環境だった」など、周囲の環境に恵まれ、就業を継続できている人もいるでしょう。

✓ 青い鳥症候群

　理想と現実のギャップに不満を持つあまり、天職を求め何度も転職を繰り返す若い世代を指して使われる言葉です。メーテルリンクの童話『青い鳥』にちなみ命名されています。
　特に発達障害のある人には、理想を追い求める傾向が多いようです。職場でなにか一つうまくいかないことがあると、思い悩み、解決方法を

探す前に、職場を変えればうまくいくだろうと退職に至ることが少なくありません。結局のところ、理想の会社などそうそう存在せず、ジョブホッパー（転職回数が数回を超える人）になる可能性があります。採用市場において、転職回数が多いことは「またすぐに辞めてしまうのではないか」と思わせ、マイナス評価として自分の価値を下げることになりかねません。

転職理由がネガティブな人

●やりがいのある仕事を与えられない

「簡単な業務しか与えられない」、「このままでは何のスキルも身につかない」、「今の仕事にやりがいを感じない」というネガティブな理由で転職を考える人は転職後も同様の不満を抱きやすいと言えます。理想の会社が存在しない以上、どこに行っても同様の問題は出てきます。まずは、現在就業している会社で何か改善できる方法がないかを考えることが先決です。

仕事に関してよく使われる「石の上にも3年」という言葉があります。一つの業務に習熟するために、3年くらいは必要です。僅か1年ではその業務を教わったという状態であり、担当したとは言えません。一つの業務も担当したと言えない人は、転職しても再び短期間のうちに辞める可能性が高いのです。

●人間関係がうまくいかない

発達障害のある人の転職理由として、「職場の人間関係がうまくいかない」という理由を挙げる人は少なくありません。数多くの相談の中で、転職することが解決方法であると思われるケースも僅かですが存在しま

す。それは、人数の少ない職場で上司との関係の悪化が決定的になり、どこにどう頼んでも、改善のための方策が見つからないときです。大企業であれば、他部署への異動を願い出るという奥の手があります（ただし、この奥の手は何回も使えるものではありません。サラリーマン生活で利用できるのは1回と心しておきましょう）。しかし、社員数十名程度の規模の小さい企業では、どこを見渡しても知っている顔ぶればかりです。そのような状況で人間関係のトラブルを抱え、ストレスが大きくなり、体調にも影響が出るような状況であれば、清水の舞台から飛びおりるつもりで転職を考えざるを得ないのも仕方がないことです。

　しかし、「人間関係がうまくいかない」人が転職さえすれば、現状を変えられるという保証はありません。いずれの職場でも、組織の一員として働くためには、最小限のコミュニケーションは必要です。そのためには、自分の考え方ややり方を少し変える必要があるかもしれません。

　仕事を辞めれば、目の前の問題から逃れることはできますが、それはトラブルから逃げているだけかもしれません。対応方法を見直してみれば、現状を改善する可能性が残されていると思います。

ポジティブな転職を

　今の職場が嫌だからとネガティブな理由で転職すると課題はそのまま解決されず、職場を変えてもやはり失敗します。採用面接で転職理由についての質問が出るのは当然のことです。ネガティブな理由から転職しようとしても採用選考でよい結果は出ません。転職後はこのような仕事をして御社で活躍したいと、5年後、10年後の将来の自分の具体的なイメージを持って、ポジティブな理由で転職活動に臨むようにしましょう（p.104）。

転職に必要なキャリアプラン

何のための転職なのか

● 「不満がある」は転職理由にならない

　著者は発達障害のある人の就職・転職相談を数多く受けてきました。以前は求職中の方の就職相談がほとんどでしたが、最近は就業中の方が"将来"の転職相談に来ることが多くなりました。「"将来"の」というのは、相談者は現在の職場に不満があり、何らかのネガティブな理由から現状を変えたいとは思っているものの、自分自身のキャリアプランが明確に描けていない、ということです。そのため、具体的な転職相談には至らず、現在の自分の状況を嘆き、現状から脱出するためにキャリアチェンジをしたいと語られます。

　それは、「○○が好き」という好奇心に応じて職業を選んでいるに過ぎません。「会社に不満がある」というようなネガティブな理由から転職しようとしても、これといった能力がない場合は、面接でも成功しないでしょう。

　現在の自分を変え、年齢に応じた経験を積んでからでなければ、転職活動を始めるための土壌にすら立っていないのです。転職を考える前に、自分の意識と行動を変えることから始めてみてはいかがでしょうか？ 自分にはどのような職業が向いているか？ と尋ねる方も少なくありませんが、向いているかどうかを決める前に、その仕事は自分にとって得意なものかどうか、自分にできることなのかを確認する必要があります。

● 「評価されない」も転職理由にならない

　発達障害のある人が新卒で企業に入社した際、最初の担当業務が適性に合わず、短い期間に異動を繰り返す人がいます。職場の環境や実際の業務、個人によっても異なるでしょうが、適性に合わずうまくいかない職種は営業職や営業事務など、コミュニケーションや臨機応変さ、あるいはスピードを求められる場合に多いようです。

　そのような経験を持つ人に話を聞くと、毎日の仕事をこなすだけで精一杯で、主体的に業務に取り組めていないように見受けられました。転職の際に有利になる業務経験（事務経験や経理、パソコンスキルなど）について質問しても、芳しい回答が得られません。

　職場で評価を得られないのは、現在の業務に対し前向きに取り組めていないからです。業務がこなせないという理由で転職しようとしても、うまくいくはずはありません。少なくとも現在の職場で努力し、仕事ぶりについて評価を得られるようになってから、転職をするのがベストです。現在の職場で評価を得られるようになれば、転職したいという気持ちは失せているのではないでしょうか。

転職への助走

● 資格の取得

　現在の職場で、上司からキャリアアップのために資格取得を勧められたが、終業後や週末に講習に通うだけでもしんどくて、勉強に身が入らないという人がいます。発達障害のある人の中には、自分がやりたいことにはとことん熱中しますが、回りからやるように指示されたことには熱が入らないというタイプの人も少なくありません。

　さらには、勉強しなくてはという気持ちが強く、健康管理が不十分で

あるにもかかわらず無理して講習に通い、体調を悪化させてしまう人もいます。気持ちが先走り、体力を消耗してしまい、本来の業務に影響を与えてしまうようでは本末転倒です。会社の業務をこなしながら、帰宅後や週末の時間を利用し、コツコツと勉強を続け、半年～数年のスパンでの目標到達を目指して努力していくのがよいと思います。

● 持っておくべきスキル

　転職するのであれば、自分は前職でどのような業務に携わり、今後は何をしていきたいのか、どのような能力やスキルでその企業に貢献したいのかを面接でしっかりアピールする必要があります。その際、一つの資格、スキルに頼るのはよくありません。誰にでも得意なことはいくつかあるはずです。その複数ある特技を活用できれば、活躍できる場面がより広がります。

　自分には特技がない、パソコンは使えるけれど得意というほどではないという人は、パソコンスキルのブラッシュアップから始めてみてはいかがでしょうか。企業で長く仕事を続けるにせよ、他の分野に転向するにせよ、パソコン操作に優れていて困ることはありません。業務で必要になる資料には、月報や会議で配布するレジュメなどさまざまありますが、業務資料を正確に、早くパソコンで作成できることはスキルになります。職場では特にExcelを使用しますので、四則演算、セルの書式設定、表・グラフ作成、SUM関数、AVERAGE関数、IF関数、VLOOKUP関数、ピボットテーブルなどは習得しましょう。企業での就業経験がある人は、漫然と自分の仕事をこなしているだけではなく、周囲の先輩社員の仕事ぶりを観察し、どのようなスキルが必要とされているのか、どのように業務が進められているかを知り、求められる役割を見つけておくとよいでしょう。

● やりたいことの可能性

　発達障害のある人の相談を受けていると、多くの方が同じ職種を希望することがあります。その代表的な職種が学芸員です。学芸員になるには大学で必要な単位を履修し、通常の就職活動と同じく、採用試験に合格する必要があります。しかし、学芸員の資格取得者数（年間7000人強）に対して、採用人数は非常に少ないため、学芸員の資格を取得しても就職することは容易ではありません。人気の施設では倍率が100倍を超えることも珍しくなく、恩師の紹介やありとあらゆる関係者のツテをたどることも必要です。専門知識が求められる職種であるため、大学院を卒業していることが望ましいでしょう。学芸員の仕事は多岐にわたり、展覧会の企画から予算立て、予算獲得、時には作品や資料の持ち主への出品交渉、広告媒体の準備から記者発表まで、さらに展示の順番やレイアウトを決定し、展示作業の陣頭指揮をとります。注意すべきことは、研究能力や資料管理能力だけが採用の評価基準ではないということです。学芸員の業務の中には研究チームを組んだり、対外的な交渉や来館者の応対案内をしたりすることも含まれるため、コミュニケーション能力も評価基準の対象となります。

　学芸員になりたいという人は、上記の情報を確認したうえで、その職種を希望しているのでしょうか？　やりたいことがあるのはよいことですが、発達障害のある人には、やりたいことを実現するための必要条件を事前に把握する情報収集力が足りない方が少なくないように思います。好きなこととやりたいこと、そして実際にできることは違うかもしれません。やりたいことを実現するために、十分に調べ、可能性を検討したうえで戦略的に取り組むことが必要です。また挑戦は一度きりではなく、何度も行っていくものだと思います。ぜひ、自分自身の明確なキャリアプランを立て、やりたいことを実現するために実行していきましょう。

転職を考えるとき

長期で働きたい

　発達障害のある人の働き方の一つに、人材派遣会社の派遣スタッフとして登録し、企業に派遣されて働くという方法があります。長期的に派遣就業している場合は一つの企業で1年、2年と継続勤務しています。著者がお会いした方の中には、このように派遣スタッフとして長く勤務している方が多いように思います。派遣スタッフの働き方の特徴として、あらかじめ決まった業務を続ければよいこと、職場での深い人間関係を求められずに済むことなど、発達障害のある人にとっては比較的合っていると言えるのではないかと思います。そのような職場で、パソコンスキルが高く、専門的な業務での就業経験のある人の多くは、比較的自分の得意な業務内容で安心して働くことができていました。

　自分の将来を考えたとき、一つの会社で安心して長く働くことを望むのは当然のことです。そして、発達障害のある人が手帳を取得し、障害特性を開示して長く働いていきたいと考えるのも当然のことです。みなさんが転職を考えるとき、障害特性に対する理解を得られる会社と出会いさえすれば、前職での就業経験やパソコンスキル等の特技を活かし、長期的な採用につなげることができます。

どうしても状況を変えたい

　発達障害のある人が自分の障害特性を自覚している、自覚していない

にかかわらず、一般就労をしている際に上司との関係がうまくいかなくなる場合があります。上司が威圧的なタイプであればあるほどストレスは大きく、発達障害のある人の苦悩と困難が増します。

　発達障害のある人の中には、特性によってストレスや不安を感じやすい人が多く、自分が怒られていなくても他の社員が怒られているだけで、自分が怒られているように聞こえ、ストレスを感じてしまう人がいます。仕事のミスなどで叱責されると、動揺し、仕事どころではなくなり、作業効率が極端に低下してしまう人もいることでしょう。

　上司が威圧的なタイプであれば、恐怖が先に立ち、普段はできていることさえ、できなくなってしまうかもしれません。そのような上司は、発達障害のある社員を追い詰めてしまわないとも限りません。長い職業人生では相性の合わない上司の元で働かざるを得ないこともあります。しかし、体調に大きな影響が出るようであれば、環境を変えることを決断するしかないこともあります。特に、その上司の元で働くことで健康面の影響が大きいと判明したときには決断のしどきです。

　一方で、転職にはリスクも伴います。転職先の上司のタイプとの相性までは事前に確認できません。新しい職場では、新しい上司との人間関係を一から作り上げていく必要があります。転職することで上司は変わりますが、発達障害のある人が以前の職場で抱えていた問題を解決できるかどうかは時間が経過しなければわからないのです。長い職業人生では、今後も転職や異動を経験します。新しい上司がどのようなタイプかは事前に知りようがありませんが、どんな上司であってもうまくやっていけるようなレジリエンスを鍛えておきたいものです。

　転職は人生で一度か二度の大きな決断です。しかし、その選択の結果が成功するかどうかは自分次第ということを忘れずに、慎重に考えていただきたいと思います。

新卒採用と転職市場

新卒採用

　障害者雇用枠での就職は、就労経験のある人が圧倒的に有利と言われます。新卒の場合は一般採用の新入社員の全体研修に参加できるような人（障害が軽度で特別な配慮がいらない人）が採用されやすいでしょう。

　障害者雇用枠での採用といえども、大企業の採用選考を通過するには、適性検査で基準以上の成績をおさめなければなりません。そういう意味では、一般採用とあまり変わらないのです。適性検査とは、国語・数学・英語などの能力検査と性格検査の総称です。広く知られているのが SPI で、Synthetic Personality Inventory（総合適性検査）の略です。

　能力検査は高得点を取る人ほど、採用の可能性が高まります。逆に得点が低いと自動的に足切りされ、選考過程に残りません。採用選考に適性検査がある場合は、読解力や計算に苦手さを持つ人にはハードルが高いかもしれません。一方、性格検査は 100 〜 250 の設問で構成され、「あなたは引っ込み思案な方ですか？」、「あなたは物事をじっくり考える方ですか？」等々の質問に対してイエス、ノーで答える形式です。

転職市場

　法定雇用率の数字に追われる障害者雇用の現場では、採用担当者は新卒の定期採用者の中に障害のある社員が採用できればラッキーと考えています。なぜなら、先天的に障害のある大学生は非常に少ないからです。

企業で就業する社員の場合でも事故による怪我や、年齢に伴い増加する疾患により、入社後に障害者手帳を保有する場合があります。既存の社員が障害者手帳を取得すれば、障害者雇用の算定にカウントすることができます。そして、法定雇用率（50人以上の民間企業で従業員数の2.0%）に足りない人数を中途採用で補てんすることになります。業界により除外率の適用がある場合もありますが、大企業ほど、障害者雇用にしっかり取り組んでいかなければなりませんので、通年で障害者採用を行っています。

　もちろん企業は、障害のある人を採用し、自社の戦力となってもらい、長く活躍してくれることを望んでいます。そのため、新卒でなく中途採用の場合も、平均的な能力を備えているかを量るために適性検査を実施する企業は少なくありません。大企業の場合は書類選考の後、適性検査を実施し、検査結果をみてから一次面接に進めます。そして、二次面接、場合によっては最終面接と進むのが一般的です。

　障害者採用の求人は、全国のハローワークの専門援助窓口での検索、閲覧が可能です。最近はインターネットでも検索できるようになり、就業中の方にとって非常に便利になりました。民間の障害者専門の就職情報サイトに掲載されている求人も多く見受けられます。このように、障害者雇用の間口はどんどん広がっており、障害者雇用枠で働く人の中にもキャリアアップを目指して転職するが人が増加しています（転職活動のためのチャネルはp.109で紹介しています）。転職を希望する人が多い背景には、障害者雇用枠で働く際の仕事内容や処遇など、制度的な問題もあるのではないかと思います。就業職種が非正規雇用であるために契約終了となり、長期就業に結びついていない可能性もあります。障害のある人が安心して長く働き続けることができる仕組みについては、今後継続して考えていかなければならない課題だと言えます。

発達障害と障害者雇用促進法

弁護士　小島健一

　発達障害のある人が働くことを後押しする法律として、2013（平成25）年に大きく改正された「障害者雇用促進法」があります。この法律は、発達障害のある人にとって、どのような意味を持っているのでしょうか。発達障害のある人は、自らの働く力を高め、仕事をやりがいのあるものにするために、この法律をどのように活用したらよいでしょうか。

◎ 発達障害が法律の対象になりました

　障害者雇用促進法（以下、「法」）は、文字通り、障害者が従業員として会社に雇われて働くことを「促進する」ことを目的としています。歴史を遡れば、その対象は、身体障害者、知的障害者、そして精神障害者へと段々に拡がってきました。そして、2013（平成25）年の法改正によって、発達障害もこの法律の対象であることが明確にされました（法第2条）。

◎ 法定雇用率は障害者手帳を持っている人が対象です

　この法律は、長年、事業主が雇用する障害者の人数が、「法定雇用率」を満たす水準を超えた場合には、国から事業主に「調整金」を支払い、逆に下回った場合には、事業主から国に「納付金」を支払わせる、という仕組みによって、事業主がより多くの障害者を雇うように促してきました（法第3章）。この仕組みは「雇用義務制度」と呼ばれています。2006（平成18）年以降、この制度において、事業主が法定雇

用率を達成しているか否かを判断する際、その事業主が雇っている精神障害者を含めることができるようになりました。

　法定雇用率は、5年毎に見直されることになっています。そのための計算式は、簡単に言ってしまえば、日本全体において、すべての常時雇用されている労働者とすべての失業者（「労働の意思及び能力を有するにもかかわらず、安定した職業に就くことができない状態にある者」〔法第43条2項〕）の合計を分母とし、常時雇用されている障害者と失業している障害者の合計を分子とする分数です。2013（平成25）年4月、法定雇用率が1.8％から2％へと上がりましたが、このときはまだ、法定雇用率を算出する計算式に精神障害者は含まれていませんでした。ところが、同じ年の6月に国会で可決成立した法改正によって、この計算式が変更され、発達障害のある人を含む精神障害者も「障害者」に含めて法定雇用率を算出することになりました。精神障害者雇用の"義務化"と言われるのはこのことです。

　この新しい計算式が適用されるのは、次に法定雇用率が変更されるタイミングである2018（平成30）年からですが、このとき、法定雇用率は、前例がないほどの大幅な引き上げになることが予想されています。それに備えるべく、事業主は、ここ1、2年で、さらに積極的に障害者の採用を進めなければなりません。もっとも、雇用義務制度の対象は、障害者手帳を持っている障害者に限られます。したがって、手帳を取得していない人や、障害をオープンにしないで働きたい人は、その恩恵を直接に受けることができません。

◎ 差別の禁止と合理的配慮は、手帳の有無を問いません

　2013（平成25）年の法改正は、事業主に、①（ⅰ）労働者の募集・採用の際に障害者に非障害者と均等な機会を与えること、（ⅱ）採用した障害者を賃金その他の処遇において障害を理由とする不当な差別

的取扱いをしてはならないこと（法第 34、35 条等）、②（ⅰ）障害者の募集・採用の際、また、（ⅱ）採用した障害者について、均等な機会の確保や能力発揮の支障となっている事情を改善するために必要な措置をとること（法第 36 条の 2、3 等）を義務づけました。それぞれの義務は、「差別の禁止」（上記①）と「合理的配慮の提供」（上記②）という言葉で一括りに表現されることが多いです。これらの改正箇所は、2016（平成 28）年 4 月から効力が発生しました。

　ここで重要なことは、前述の雇用義務制度は障害者手帳を持っている当事者を対象にしており、それは今回の改正でも変更がないのですが、新たに導入された「差別の禁止」と「合理的配慮の提供」については、手帳を取得していない人であっても、「長期にわたり、職業生活に相当の制限を受ける」者という「障害者」の定義（法第 2 条 1 号）に該当すれば、対象になるのです。どの程度の期間にわたって、どの程度の深刻さで仕事に支障があればこの定義に該当するのかは、具体的に定められていませんから、障害者手帳を取得していない場合、そもそも法による保護の対象であるか否かの判断が難しいことがあるかもしれません。また、2 年ごとに更新の手続きが必要な精神障害者保健福祉手帳を持っている人が、何らかの事情で更新できなかった場合、引き続き「差別の禁止」と「合理的配慮の提供」の対象であるのか、事業主と見解が相違することがあるかもしれません。また、障害をオープンにしていない場合、そもそも事業主には、その従業員が差別禁止や合理的配慮提供の対象であるのかを認識できないために、これらの義務を免れることがある、という指摘もあります。

　しかし、実際に就業に支障をきたす障害があるか否かという観点から、それに対する配慮の要否や内容を判断する方が本来の目的に適合しています。さらに、「差別の禁止」と「合理的配慮の提供」の対象者か否かの区別が曖昧であることは、これらの考え方が、非障害者の

雇用管理とも共通性がある普遍的なものであることを示唆していると思います。

◎ 法的な義務であることの意味

「差別の禁止」や「合理的配慮の提供」の義務を定めた障害者雇用促進法の法的な性格について、「公法的な効力はあるが、私法的な効力はない」と説明されることがあります。事業主は、国に対する義務を負っていますが、障害者に対する義務は負っていない、という意味です。これでは、法律が改正されても、大した意味はなかったように思われるかもしれませんが、実はそんなことはありません。

確かに、事業主が障害者に対して義務を負っているのでなければ、障害者が裁判を起こしても、裁判所は事業主に対し、その障害者のために差別を解消する措置や合理的配慮を提供することを命じる判決を下すことはできません。しかし、事業主の国に対する義務であるからこそ、国の行政機関が、これらの義務に違反する事業主に対して、助言、指導、さらに、勧告をしていく根拠になります（法第36条の6）。

さらに、これらの義務は、たとえ国に対する義務であるとしても、事業主が遵守すべき法的な秩序・規範（ルール）の一部になったと考えられます。したがって、例えば、障害者であることを理由として、賃金を非障害者の賃金と差別することは、「公序良俗」（民法第90条）違反として、障害者から事業主に対する損害賠償請求の根拠になり得るだろうと考えられています。

また、事業主が、合理的配慮に基づく措置をとらずに、能力不足や業績不良を理由に障害者を解雇した場合、それが、合理的配慮が提供されなかったことにより、障害者の能力の発揮が妨げられた結果であるならば、障害者は「この解雇は事業主の解雇権の濫用であるから無効である」（労働契約法第16条）と主張して訴えを起こし、裁判所

が障害者の従業員としての地位を確認し、解雇後に未払いになっている給与の支払いを命じることがあり得るだろうと考えられています。

そもそも、同じく2016(平成28)年4月から、障害者差別解消法が、民間の事業者に対し、お客様等の外部の障害者に対する合理的配慮を求めるようになりましたが、こちらの法律の文言は「努めなければならない」というものであり、法的な強制力が弱い努力義務にとどめられています。一方、事業主が内部の従業員(採用応募者を含む)に対して合理的配慮を提供することは、障害者雇用促進法の「措置を講じなければならない」という文言により、明確な法的義務として定められたという重みがあるのです。

しかし、裁判による救済は、「あり得る」という言葉で表現したように、一般論として可能性があるということに過ぎません。労働法に関する裁判全般に言えることですが、それぞれの裁判の結論は、具体的な事実関係に基づき、多様な観点から総合的に検討されたうえで判断されますから、とても不確実です。

事業主としては、これを新たな訴訟リスクとして認識すべきであり、ゆめゆめその義務をないがしろにすることがあってはならないわけですが、障害者としては、法的な義務であることを強調して、その遵守を一方的に事業主に要求する方法では、かえって自分の能力を発揮する妨げになりかねません。雇用関係は、「お互いさま」の精神で、まず自分から誠実に行動し、相手の善意を引き出すことによってこそ上手くいくものだと思います。

◎ まず「対話」から始めましょう

合理的配慮の提供にあたっては、事業主とそれぞれの障害者との間での「対話」が重要になると言われています。

会社で働くということは、休日を除けば一日の大半を職場で上司・

同僚と過ごすことであり、それを何ヶ月も何年も続けていくということです。そのような継続的な接触を通じて、信頼関係はだんだんと育くまれていきます。障害者であるか否かにかかわらず、人は誰でも得意・不得意があり、能力も個性もさまざまです。そうであるからこそ、当事者が互いに相手の感情に配慮しながらも、率直に事情を打ち明け、要望や意見を述べ合い、それぞれの理解をすり合わせ、互いに納得のいく合意を積み上げる努力をすることが、より良い労使関係を作るポイントです。

　コミュニケーションに苦手を抱えることが多い発達障害のある人にとっては、ハードルが高いと感じられるかもしれませんが、法改正を機に、支援者のサポートも得ながら、「対話」のスキルアップに挑戦していただきたいと思います。

第 2 章

精神科医からみる発達障害の人の転職

Q 休職中に発達障害と診断されました。自分に合った仕事に就くために、転職した方がよいでしょうか？

A 休職中にかかった医療機関で、うつ病や発達障害の診断を受けることは珍しいことではありません。転職が必要になる場合もありますが、それ以前に診断内容について、自分自身が理解し受け入れられているかを考えてみましょう。

診断の受け止め方

　ここ最近、発達障害に関する報道機会も増え、インターネットを含めて巷には情報が溢れかえるようになりました。そのため、医療機関の受診前から「自分はもしかしたら発達障害なのではないか？」と考える人もいるかもしれません。しかし、なかには発達障害という診断結果に当惑する人もいることでしょう。

　「○○障害」と言った、ある特定の疾患や障害の診断を受けることは、一つのレッテルが貼られるということです。それまでの自分を失ってしまったように感じる喪失体験でもあります（喪失による症状は『発達障害の人の面接・採用マニュアル』〔弘文堂, 2013, p.40〕を参照）。したがって、その喪失体験を受け入れ、新しい自分としての一歩を踏み出すまでには、ある程度の時間と本人の努力が必要です。喪失から抜け出す過程は、能動的な作業なのです。この過程を疎かにすると、将来的に自分の生きていく方向を見失い、後悔を繰り返すことになり得ます。そうならないためにも、まずは自分自身が診断をどう受け止め（処理し、受け入れ）ているのか、しっかり認識するようにしましょう。

発達障害についての理解度

診断を受け止めたら、次にすべきことは、発達障害について正しく理解しているかどうかの確認です。

表1 発達障害のバリエーション

神経発達症群	特性
知的能力障害群 Intellectual Disabilities	従来「知的障害」、「精神遅滞」と呼ばれていたもの。DSM-5では、単に知能指数（IQ）で重症度を分類せずに、社会性、自立能力といった総合的な生活適応能力を重視し、学習能力やコミュニケーション能力によって、その人を総合的に評価するという視点に移行した。
コミュニケーション症群 Communication Disorders	言語取得と使用の障害、構音の不明瞭さ、吃音に加えて、DSM-5では「社会的（語用論的）コミュニケーション症」が新設された。これは、一般的に「空気が読めない」と評されるもので、社会的ルールに沿って自然な流れの中で相互交流することが困難な場合をいう。自閉スペクトラム症との違いは、こだわりや感覚異常を認めない点にある。
自閉スペクトラム症 Autism Spectrum Disorder：ASD	これまで、自閉症とアスペルガー症候群に二分され、その総称として「広汎性発達障害（PDD）」の名称が使用されてきたが、DSM-5では「自閉スペクトラム症」に総括された。特性としては、①社会的コミュニケーションおよび相互関係における持続的障害と、②限定された反復する様式の行動、興味、活動の2つにまとめられ、感覚過敏は②に含められた。
注意欠如・多動症 Attention-Deficit Hyperactivity Disorder：ADHD	日常生活で支障となる、多動性、衝動性、不注意を主症状とする。DSM-5では、①発症年齢が7歳以前から12歳以前へと引き上げられ、②症状必要項目が不注意6項目以上（17歳以上は5項目以上）、多動性・衝動性については6項目以上（17歳以上は5項目以上）、③自閉スペクトラム症との並存が認められた、この3点が大きな変化といえる。
限局性学習症 Specific Learning Disorder	学習障害（LD）と呼ばれてきたもの。DSM-5では、従来の読み・書き・計算の障害が学習障害と発達段階に応じて、詳細に評価したうえで重症度分類がなされるようになった。それにより、具体的な支援内容が設定しやすくなったといえる。
運動症群 Motor Disorders	協調運動が苦手で不器用さを症状とする発達性協調運動症、反復運動を示す常同運動症に加え、DSM-5では突発的に急速に反復する非リズミカルな運動や、発声を示すチック症群が含まれた。

出典：『精神介護』Vol.19, No.1, Jan 2016, p.39 を元に改変

発達障害にもいろいろな種類があり（**表1**）、それぞれ特徴が異なります。発達障害の専門書には典型的な特性が記載されていることが多く、あなた自身が認識している症状が掲載されているとは限りません。さまざまな特性がある中で、どの発達障害と診断されたかを正しく知っておくことは重要です。医師に診断した理由を確認しておくとよいでしょう。

　また、どのような治療法や対処法があるかも合わせて確認しておきましょう。それは、障害の診断名を超えて、自分自身や周囲を理解すること、上手に環境調整すること、仕事への取り組み方を考えること、などにつながっていくことと思います。

職場に伝える

　以上の2点について十分に検討したうえで、診断を職場に伝えるかどうかを考えましょう。発達障害という言葉は今や多くの人の知るところとなりました。一方で、発達障害がどういう疾病（障害）で、どういう症状があり、何に困っているのか、どういう治療法や対処法があるのか、これらについて正確に理解している人は少ないと思います。

　したがって、現在の職場に発達障害を理解してくれる人がどのくらいいるのか、または理解しようとしてくれる人がどのくらいいるのかを慎重に考えなくてはなりません。法定雇用率の引き上げを意識した一定規模以上の企業（経営者）は、障害者雇用を促進したいと考えていることでしょう。しかし、いくら企業（経営者）が障害者雇用を推進しようとしていても、日々接する上司や同僚が経営者と同じ考え方だとは限りません。そのため、実際に業務にあたっている職場の人の理解度を考えることが大切です。

　ただし、みなさん自身で職場における発達障害への理解度を判断する

ことは難しいと思います。そのような場合は、人事担当者に相談し、協力を仰いでみるといいでしょう。

　また、発達障害の診断を伝えた後で、どのような仕事を担当させてもらえるかも重要です。一般雇用の枠内で今までと同じ業務を行うのか、それとも違う業務を担当するのか、もしくは障害者雇用として新しい枠内で働くことになるのかも考えておくべきです。というのも、障害者雇用枠での業務は単調な軽作業であることが多く、発達障害のある人にとっては能力が十分に発揮できず、やる気がなくなってしまう場合があります。これは、障害者をどう受け入れていくかという企業（経営者）のスタンスにも左右されますが（図1）、それ以外にも業種・業務内容、従業員の人数（雇用形態）、業務の機械化・IT化の状況、などにも影響されます。

図1 障害者の受け入れ

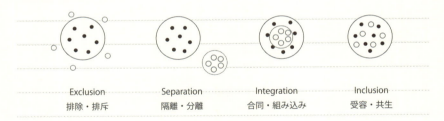

Exclusion　　　Separation　　　Integration　　　Inclusion
排除・排斥　　　隔離・分離　　　合同・組み込み　　受容・共生

　ここまで述べてきたことは、現在の職場に限らず、転職後の職場でも考えるべきことです。判断の難しい項目もあり、当事者の皆さんには大変な作業です。診断を受けたら、転職を考える前に、まず現在の職場に復職することを前提に、これらのことを検討してみましょう。そのうえで、もし今の職場が自分に合わないと考えるようであれば、転職を検討しても良いと思います。

> **Q** 現在の職場には自分に合う仕事がありません。異動を希望してもいいでしょうか？

> **A** 異動希望を申し出る前に、今の仕事が自分に合わないと思う理由を、客観的かつ具体的に考えてみましょう。

仕事が合わないと感じる理由

　自分の仕事が自分に合っているかどうか、これは定型発達の人でも常に抱えている命題と言えるでしょう。仕事が上手くいっているときはいいのですが、トラブルに直面したときには気持ちも落ち込み、すぐにで

表2 仕事が自分に合っていないと感じる理由

作業自体の問題	・作業に興味がわかない（好きになれない） ・作業のペースが合わない ・苦手な作業がある（上手にならない）
作業環境の問題	・作業環境が辛い（ストレスに耐えられない） ・職場の仲間と合わない（いじめ、無視） ・上司が苦手である（理解してくれない）
処遇の問題	・作業内容と報酬が見合わない ・休みが思うように取れない ・出社（または退社）時間が早い／遅い ・休憩時間や昼食時間を過ごしづらい ・交替勤務／夜勤がつらい ・通院時間を取りづらい（配慮してくれない）
生活リズムに関連する問題	・よく眠れない（変な夢を見る） ・疲れがとれない ・日常生活リズムが乱れやすい ・休日が寝ているだけになっている
病気や治療に関連する問題	・仕事中に体調が悪くなる ・仕事中に薬を飲み忘れる／飲めない ・薬の副作用が仕事中に出る ・仕事をするとひどく疲れてしまう

も違う仕事を探した方がいいのではないかと考えてしまいます。
　仕事が上手くいかないと感じる理由には、さまざまなものが考えられると思いますが、多くは表2の項目に集約できるでしょう。
　このような問題が生じたときには、どう対処したらいいのでしょうか？ ここでは定型発達の人の場合の対応方法を紹介しながら、発達障害のある人がとるべき対策を見ていきたいと思います。

作業自体／環境の問題

　作業自体および作業環境の問題については、自分自身で担当する業務を選択できるとは限らないので、できるだけストレスが小さくなるように、ソフト面とハード面に分けて対応します。

【ソフト面の対応】
・作業の順序を入れ替え、得意な（もしくは不得意な）部分から取り掛かる
・一番能率の上がる時間帯に不得意な作業に取り組む
・作業段階を細かく分け、不得手な部分を分割する
・上司や同僚に相談しながら作業に取り組む
・不得手な作業をする際は休憩を多く入れる
・一区切り終えたところで自分にご褒美をあげる

【ハード面の対応】
・不得手な作業を行うときは、自分のやりやすい環境に整える
・いつもとは違った環境で気分を入れ替えて作業する
・電話や話し声など雑音の少ない所に移動する
・自分の目の前や、すぐ近くを人が通らない場所に移動する
・お客様などからの電話を一定時間だけ断ってもらう

これらの対処方法には、発達障害のある人の場合でも取り入れてみるべきと思うものもありますが、作業の得手不得手は個々の特性に大きく左右され、自分の興味のわかない作業を進めることは定型発達の人以上に困難です。また、作業環境の適否は当事者にしかわからず、周囲が気づかないことも多々あります。したがって、発達障害のある人の場合は、作業自体／環境が合わないからと異動を希望する前に、上司や支援者と十分な話し合いの機会を持ち、具体的な対処を検討してみましょう。

人間関係の問題

　この種の問題は、各部署が担当する業務を定めた規程（分掌規程）や、職位職制が絡むため、最も苦労する問題です。当事者同士が話し合って対処するのがベストですが、それが叶わない場合には、早朝など、自分と合わないと感じている相手がいない時間帯に作業を集中して行う、視線が合わない（届かない）席に移動させてもらう、その人との間にもう一人、第三者を配置してもらう、違う部署への異動を上申する、などの方法で対処します。

　しかし、極端なことをすると相手との関係がますます悪くなったり、パワハラやモラハラだと捉えられてしまったり、さらに面倒な状況に追い込まれる可能性があるため、慎重な対応が必要です。発達障害のある人には、コミュニケーションが得意ではないという特性があるため、特性を正しく理解できない上司や同僚からは、誤解されることも残念ながら多いかもしれません。対人関係の問題が生じた際は、発達障害に理解ある支援者とともに解決していくことをお勧めします。

> **Column** ハラスメントについて

> ハラスメントとは「嫌がらせ」のことを指し、人に対して意図的に、あるいは意図せず不快感を与えたり、困らせたりする言動や態度のことを言います。ハラスメントにはいろいろな種類がありますが、職場で多く見られるものは、セクシャルハラスメント（通称：セクハラ）、パワーハラスメント（通称：パワハラ）、マタニティーハラスメント（通称：マタハラ）、スモークハラスメント、リストラハラスメントなどがあります。
>
> 職場におけるセクハラとは、(1) 職場において、労働者の意に反する性的な言動が行われ、それを拒否したことで解雇、降格、減給などの不利益を受けること（対価型セクハラ）、(2) 性的な言動が行われることで職場の環境が不快なものとなったため、労働者の能力の発揮に大きな悪影響が生じること（環境型セクハラ）をいいます（男女雇用機会均等法）。パワハラと異なり、セクハラの判断基準は、受けた人が性的に不快と感じたかどうかによることが一般的です。現在は、セクハラが原因で精神障害を発病した場合、労災保険の対象になります。
>
> 職場におけるパワハラとは、同じ職場で働く者に対して、職務上の地位や人間関係など職場内での優位性を背景に、業務の適正な範囲を超えて、精神的・身体的苦痛を与える、または職場環境を悪化させる行為を言います。最近は同僚間や直雇用社員が派遣社員に、あるいは部下が上司に対して行うこともあります。ただし、本人にとって不快に感じる言動や行為があっても、「本来業務の適正な範囲」で、適切な表現が用いられている場合はパワハラには該当しません。
>
> 職場におけるマタハラとは、妊娠や出産を理由に、仕事や処遇の上で精神的、肉体的にいじめや嫌がらせを受けることを言います。流産・早産や死産の原因になることもあり、近年問題視されています。仕事を続けながらも安心して妊娠・出産そして育児ができる職場づくりが大切です。

処遇の問題

定型発達の人の中にも、現在の処遇内容に十分満足しないまま働いている人は多いと思われます。処遇内容の改定については、労働契約、就業規則などの社内規則（規程）、労使間協定など複雑な要因が絡み、個人の思い通りにはならないことがほとんどでしょう。信頼できる同僚や他部署の上役に相談したり、労働組合に相談を持ち掛け集団交渉を行ったり、対応部署があれば直接担当者に話を持ち掛ける、などして処遇の

改善に取り組むケースが多いと思われます。発達障害のある人の場合も、一般雇用枠で仕事をしている際には、定型発達の人と同じような対応方法以外は難しいでしょう。

一方、障害者雇用枠で働いている場合は、改正障害者雇用促進法において障害者でない職員と待遇面で同等であるべきと謳われていますので、明らかに不利益を被っている際は、支援者の助けを借りながら、はっきりと職場に申し出るべきだと思います。特に、医療機関への通院時間の確保や、仕事中に調子が悪くなった際の休憩スペース、仕事中の服薬に対する配慮など、体調を維持し作業を確実に行うためには必要不可欠ですので、就労継続のためにも、しっかりと主張しましょう。ただし、単なる権利の主張は社会人として好ましい行動ではありません。自分自身で判断のつかない場合は、支援者に相談することをお勧めします。

Column **障害者に対する合理的配慮**（厚生労働省Webサイトより）

　事業主は、障害者と障害者でない者との均等な機会の確保の支障となっている事情を改善するため、募集・採用にあたり障害者からの申出により障害の特性に配慮した必要な措置を講じなければなりません。
　また、障害者である労働者と障害者でない労働者との均等待遇の確保や、障害者である労働者の能力発揮の支障となっている事情を改善するため、障害の特性に配慮した、施設整備、援助者の配置などの必要な措置を講じなければなりません。ただし、事業主に対して「過重な負担」を及ぼすこととなる場合は、この限りではありません（障害者雇用促進法第36条の2〜36条の4／平成28年4月1日施行）。

生活リズムに関連する問題

　この類の話を職場でできるかどうかは、定型発達の人でも各職場の雰囲気に大きく左右されます。自由な発言が許容されている職場では話しやすいですが、軍隊のように規律を重んじる統一感のある職場ではなかなか話しづらいことと思います。また、いくら自由な職場とは言っても、話をするのは朝礼や終（夕）礼の前後や休憩時間であることが多く、作業中に個人の生活に関する話をすることはそう多くはありません。

　発達障害のある人の中には雑談が苦手な人が多く、生活リズムに関する話をする機会がなかなか持てないように思われます。そのようなときは、上司や支援者もしくは人事担当者にお願いして、生活リズムについて職場の仲間と話をする機会を設けてもらいましょう。その際、自分の生活リズムの状況を客観的に確認するために、各人が生活記録表を付け、それを持ち寄り、他の人と比較しながら話をしてみましょう。全員が2～4週間の記録を持ち寄れると、生活の実態がより明確になります。体調管理は安定した就労の基本です。職場の同僚や上司はそのためにどんな工夫をしているのか、みなさん自身の生活にも取り入れられそうなものがあれば是非チャレンジしてみてください。

> **Column** 生活記録表の活用について
>
> 　自分の生活リズムがどうなっているかを知りたいとき、役に立つのが生活記録表です。現在はいろいろな種類が作られており、インターネット経由でダウンロードすることができます。
> 　食事、睡眠、入浴、整容など基本的な日常生活活動を記録していくだけでも自分の生活リズムを客観的に把握することができます。記録のつけ方は個人に任されているので、自分で決めたやり方で記録をつけてみましょう。自分の生活に思いがけない発見があると思います。また、記録のつけ方にも個人差があるので他の人と比べてみても面白いかもしれません。

病気や治療に関連する問題

　病気や治療についての問題は、発達障害の有無に関わらず、すべての働く人にとっての関心事です。特に自分自身の健康や病気の問題、家族や知人の病気の問題などは、自ら職場の上司や同僚に話をすることも多いでしょう。何故ならば、自分や家族・知人が病気になれば、仕事も含めた生活全般に影響が及ぶかもしれないという不安や恐怖があるからです。このように病気に関することは、職場で語られる話題として最も身近なものです。したがって、発達障害のある人が自分の病気や治療について職場で理解を求めることは、周囲にとって抵抗を感じさせることではありません。ただし、自分の病気や治療、自分の困りごとを一方的に話し続けるのは相手にとってストレスです。長時間話し続けることは避けましょう。

　また、病気や治療に関する話題は、他人には知られたくない個人情報（機微情報）です。職場には、聴いていない振りをしながらも他人の話に聞き耳を立てている人が大勢いると思うべきです。自分の病気や治療の話題ならいいですが、他人の話題を大声で話してしまわないよう十分気を付けましょう。当然ですが、その場に居合わせない第三者に話題を漏らすことは必ず大きなトラブルになります。くれぐれも第三者に漏らすことがないよう細心の注意を払いましょう。

　ここで紹介したいくつかの対応を試してみても、満足のいく仕事が今の職場にないと思われる場合は、上司や支援者と異動について話し合いの機会を持ちましょう。その際、すでに異動／転職することを「決めました」というような姿勢ではなく、あくまでも異動について話し合いたいという立ち位置を忘れないように心がけてください。

> **Q** 仕事量が少なく、手隙の時間が多いと不安です。

> **A** どんな仕事をしていても忙しいときと暇なときがあります。暇なときにどう対処するかを前もって理解しておきましょう。

仕事量はどうやって決まるのか？

　どんな職場でも、ある一定期間で処理しなくてはならない仕事量は決まっています。多くの職場では、日、週、月、3ヶ月（四半期）、6ヶ月（半期）、年という単位で業務計画が立てられ、通常は、最も長期間の業務計画をより短い期間に割振りし、具体的な作業計画を作成します。そのうえでいくつかの条件を想定し、通常は3〜5パターンのシナリオ（筋書）を描きます。しかし、実際にすべてのシナリオを想定して仕事をすることはできませんので、一つのシナリオに絞り込み、状況をチェックし、修正しながら業務を遂行します。いわゆるPDCAサイクル（Plan-Do-Check-Act）と呼ばれるものです（図2）。

図2 PDCAサイクル

この過程で予想外の事態が生じ、シナリオの変更が必要な場合もありますが、多くは想定内の事態であり業務量が増えることは滅多にありません。業務量の増加が事前に解っている場合は、一時的な職員の異動や、業務の他部署への分散、短期間のアルバイト雇用等で対策を講じます。

✓ 業務の閑散期

　仕事には必ず区切りがあります。一つの仕事が始まれば、一定期間後には必ず終わりがやってきます。一つの仕事の中で、複数の区切りが設定されていることもあります。常に一定量の仕事を行うことができれば理想的ですが、多くの場合は、締切や納期といった区切りが近づくにつれて忙しくなり、一区切りした直後は職場全体の仕事量が少なくなり手隙になります。これは、一つの仕事の業務フローのうち、どの時期に合わせて人員配置をするかという会社の意思決定にも影響されますが、締切前などの最も忙しいときに合わせて職員を配属することは少なく、閑散期、もしくは平均的な業務量の時期に合わせて従業員数を決めることが多いでしょう。

　障害者雇用枠で働く人の場合は、突発的な変化の少ない作業が割り当てられるため、締切の如何に関わらず仕事量は一定であることが多いと思います。そのため、仕事量が減ることはあっても増えることはなく、周囲が忙しくしていても自分の仕事量があまり変わらないため、不安や負い目を感じてしまうこともあるかもしれません。

　しかし、前述した内容からもわかるように、職場全体の仕事量の過多に応じて、障害者雇用枠の作業量を調整することは難しいのです。では、手隙になったときの不安を減らすにはどうしたらよいのでしょうか？雇用者側に臨機応変な対応を求められないのであれば、当事者が自分で

できる対応策を考えておく必要があります。以下、そのいくつかを項目に分けて考えてみます。

✓ 会社や仕事の仕組みを理解する

　定型発達の人にも言えることですが、自分自身が所属している部署が会社のどこに位置し、どの部署と関係しているのか、また自分の担当している作業が、会社全体の業務のどの部分にあたるのかを、知らずに働いている場合がほとんどです。この状態が続くと、多くの人は自分の仕事に不安を感じ始めます。この不安を払拭するには、自分の所属部署が会社のどこに位置しており、自分の担当している作業が、会社全体の業務のどの部分に当たるのかを知ること（教えてもらうこと）が大切です。これらを把握することで、業務の多寡があった場合、なぜ変化が起きているのかを自分で（もしくは同僚と）考えることができ、一定の安心感を得ることができます。

　また、仕事全体の業務フローを理解しない状態で手隙になると、自分の作業だけが減ったように感じ、不安が強まります。仕事全体の業務フローを意識し、短くとも1年、可能であれば3年は同じ部署で就労することで、年間の仕事量の多寡に対する感覚も自然と身につきます。それでも不安に感じることがあれば、上司や支援者、もしくは人事担当者に素直に不安な気持ちを話してみましょう。

　最近では書店の就職関連本が並ぶコーナーに、各業界を分析した書籍が多く売られています。しかし、こうした書籍は、業界の典型的な仕事について書かれており、実際の仕事内容は企業や職場によって異なります。このような場合、事前情報（期待）と実際の仕事内容が異なることで不安を感じることもあるかもしれません。過剰な期待を持ち過ぎない

ことも大切です。就職活動中など、事前に仕事内容を知りたいときは、実際にその企業で勤務している人から情報を得る方がいいでしょう。

　障害者雇用の場合、入社にあたって企業全体の業務や組織について説明されず、ここで述べたような不安が煽られていることも多々あります。発達障害のある人の中には、目の前の現実だけですべてを判断してしまう特性があり、実際の作業量が少なくなると不安を抱える傾向にある人がいます。それを防ぐためには、企業全体の業務フローへの理解が一つの解決方法です。このことを人事担当者が認識し、入社前に職場見学を実施したりするなどして、対応策を講じて欲しいと思います。

周囲に声をかけてみる

　自分の作業がなく手隙なときには、「いま手が空いていますが、何かやることはありますか？」と周囲に声をかけてみることも大切です。障害者雇用の場合には、専用の作業が割り振られることが多いので、業務をすぐに回してくれるとは限りませんが、一言自分の状況を周囲に伝えることはとても大切です。簡単なことのように思われますが、発達障害のある人の中には、周囲に対する情報発信が苦手な人がいます。これはコミュニケーションに関する特性として理解されていますが、単に苦手というだけではなく、自分の発信に対する相手の反応が不安で、声をかけられないということが多いと思います。

　発達障害のある人がこのような状況にあることを職場や周囲が理解し、手隙でいるときには、周囲から一言声をかけるのが理想的です。コミュニケーションの上達のためには、慣れることがその第一歩です。声をかけてもらった当事者は、一言でもいいので返事をして、その方と会話の練習をしていきましょう。コミュニケーションが成功するかどうかは、

相手とWin-Winの関係になれるかどうかです（**図3**）。一方的に話しすぎても、そのような良好な関係は結べないことも知っておきましょう。

図3 人間関係の6つのパラダイム

〈1〉Win-Win 自分の利益と他人の 利益を同時に確保	〈2〉Win-Lose 他人を負かして、 自分が勝ちたい	〈3〉Lose-Win 自分のWinは犠牲にして他人を勝たせる
〈4〉Lose-Lose 他人を負かすためなら 自分のWinも犠牲に	〈5〉Win 自分の欲しい結果を 確保することだけを考える	〈6〉No-Deal まずWin-Winを求め、解決策が見つからない場合は合意しない

©Franklin Covey Co.

出典：http://www.franklinplanner.co.jp/learning/selfstudy/ss-23.html より

上司や支援者と相談する

　何らかのトラブルに直面したときや悩み事を抱えたとき、上司や人事担当者、もしくは支援者に相談することはとても大切です。しかし、発達障害のある人の中には、状況説明が苦手で、何か言ったら怒られる、もしくはクビになるなどと勝手に思い込み、全く相談できずにいる人がいます。そのために問題がどんどん深刻化し、簡単には対処できない段階にまでなってしまい、転退職を選択せざるを得ないこともあります。

　特に、「手隙で暇だ」と言うのは「自分はダメ人間だ」ということを吐露しているような気持ちになる場合もあり、思い切って相談できないことも理解できます。長く就労を続けられる人は、どのタイミングで何を誰に相談するかをよく心得ている人です。発達障害のある人は、タイミングを図ることに困難を感じることが多々あると思います。相談内容に関わらず、早め早めの相談を心がけましょう。独りで悩み、手遅れに

なることだけは避けましょう。

早退させてもらう？

　仕事中に手隙になると不安になる要因に、何もすることがないのに勤務時間中は職場にいなくてはならないというルールがあると思います。これは、多くの日本企業がこれまで培ってきた悪しき習慣の一つで、勤務時間内には決められた場所にいることが大切、という不文律によります。勤務時間を過ぎた後でも、周囲の目を気にして、不本意に退社せずにいる人が多いのが実態です。定型発達の人の中にもこの悪習慣に耐えられず、転職や起業を志す人、休職する人が多くいます。

　では、単純に早退すれば問題は解決するのでしょうか？ 現行の法制度では、2級以上の重度身体・知的障害および精神障害は、短時間労働者でも法定雇用率カウントの対象になりますが、短時間労働者の定義として、原則常用労働者であり、かつ1週間の所定労働時間が20時間以上30時間未満であることを満たさなくてはならない状況にあります。この要件を満たすために、仕事がなくても所定の部署に障害者雇用者をただ座らせているとしたら、これは障害者に対するハラスメント（p.45）に等しいのではないでしょうか？

　法制度を変えるには大きな力と時間が必要です。まずは、会社全体もしくは職場として、障害者雇用者が担当する作業に少しでも幅を持たせられるように検討して欲しいと思います。なかには自分の能力を過信して、もっと作業できるはずだと信じている発達障害のある人がいることも事実ですが、そのような場合には、単に能力がないと告げるだけでは納得しないので、客観的なデータを示しながら本人の能力の限界について繰り返し説き聞かせていくことも必要です。

業務形態の変更

　業務形態とは、勤務時間帯や休憩時間の取り方など職場で過ごす際の条件のことです。一般雇用の場合、業務形態は職位・職制によって決められており、人がその体制に合わせていきます。一方で、障害者雇用では、柔軟な対応がなされているケースが多いと思います。

　とは言え、企業の業務内容や管理者の勤務形態により、障害者の特性に合わせられる範囲は広いとは言えず、必ずしも上手くマッチングできているとは言い切れません。発達障害の有無に関わらず、従業員一人ひとりの特性は千差万別であり、ある特定の業務形態に合わせて働く場合、職場によって環境や配慮、条件が異なることも事実です。すべての発達障害の特性に合わせ、業務形態を配慮することは困難です。だからと言って、あまりに合わない職場で仕事を続けるとすれば、作業効率の面でもいい結果が生まれるとは考えられません。上司や人事担当者と話をする際には、すべての特性に配慮することは難しいということをよく認識したうえで、業務形態の変更を話題にしてみてもいいでしょう。

人事異動

　業務形態の変更が上手くいかなければ、違う部署への異動を検討する必要があります。理想の障害者雇用とは、障害者が自分の特性に合った職場でその任務にあたることです。障害者雇用枠では職域の限定された働き方が一般的ではありますが、自分に合う仕事がないからと転職を考える前に、現在の職場に対して、自身をどう売り込んだらいいかを考えてもいいのかもしれません。ぜひ自分の特性を自分自身で理解し、自らを売り込む姿勢での障害者雇用を目指していきましょう。

Q 面接で主治医の意見を求められました。

A 転職における採用面接では、一定期間以上にわたり医療機関へ通院している場合、人事担当者から主治医の意見書を提出するよう求められることがあります。これは、入社後の就労における雇用者側の配慮に関わっています。

✓ 入社後、仕事を任せるうえで注意すべき点を確認

　これは、転職先の人事担当者が一番気にするポイントです。発達障害の診断を受けているということは、定型発達の人に比べ、仕事上なにか配慮すべきことがあるはずです。見方を変えれば、特性を生かせる得意な仕事が見つかるかもしれません。

　精神障害者の雇用においては、多くの仕事を障害者一人に任せるということは通常なく、周囲の誰かが近くで指示を出したり、チェックしたりということになると思います。発達障害のある人の場合、前述の業務の進め方が合っているかどうかが判断の難しいところです。一人で黙々と一連の作業に集中して取り組むことが向いている場合、途中で細かく指示を出され作業が途切れるとパニックに陥る可能性があります。また、物音や光といった刺激に敏感な人の場合、周囲が騒がしかったりすると作業に集中できず、仕事ができなくなってしまいます。

　このように障害者雇用では、それぞれの特性に合った職場選びが、就労を成功させるか否かのカギとなります。それ故、雇用者側の特性理解のためにも、具体的な特性を示す主治医の意見書が必要です。

特に注意すべき健康上の問題を確認

　発達障害のある人の医学的な問題を把握する際、どうしても一次障害や二次障害に目が向いてしまい、それ以外の疾患の有無や健康上の問題を見過ごしてしまいがちです。しかし、発達障害以外の通院・治療歴、健康上の問題をしっかりと把握し、適切に対応することは、発達障害の症状を安定化させるためにも重要です。

　人事担当者としては本人の話を信じて対応することになりますが、もう少し具体的な情報が欲しい、実際の診断名や治療内容を確認したい、医療者が診察現場で感じている特性上の得手不得手を知りたい、といったときには主治医の診断書の提出を求めます。そのような場合、業務上不利にならないよう、オブラートに包んだような書き方を希望する人が多くいますが、主治医の見立てとして、自分の得手不得手や疾患について記載し、職場で対処してもらうべき具体的な配慮についてしっかりと検討した方が、最終的にいい結果に結びつくと考えられます。

日常生活で注意すべきことの確認

　転職の採用面接において、日常生活に関する注意点まで十分に質問することは難しいと思います。したがって、面談時に聞きたいと思っていることを、事前に主治医に確認しておきたいと企業は考えます。これは、入社前に日常生活を徐々に調整していって欲しいという職場側の願いとも言えるでしょう。つまり、このような内容が必要ということは、入社して欲しいという雇用側の意思表示でもあります。臆することなく具体的でしっかりとした内容の診断書を記載してもらうようにしましょう。

> **Q** 医師からみて、転職すべきでない人を教えてください。

> **A** 医療専門職である医師からみて、発達障害のある人で転職しない方がいいと思うケースは次の7つです。

1．一次障害に十分対応しきれていない

　転職を考える前に、それまで勤務していた職場や日常生活において、一次障害が引き起こす問題に対し、十分な対応を行ってきたかどうかはとても重要です。たとえば、うつ病による休職をきっかけに転職を希望する場合、その背景には一次障害として発達障害の特性を抱えるケースが多くあります。前職で退職を余儀なくされた原因は、一次障害である発達障害の特性にあるのかもしれません。こうした場合、発達障害の特性が引き起こした問題は、転職後も同様に起こりえます。転職先でも同じようなトラブルに直面し、再び働きづらさを当事者が感じるようであれば、心の傷（トラウマ）＝喪失になりかねません。この心の傷＝喪失を繰り返すと心的外傷後ストレス症候群（PTSD）様の症状が出現する可能性が高くなってしまいます。この繰り返しを防ぐためにも一次障害への対応が必須です。

2．二次障害の症状が安定していない

　一次障害への対応と並行して、二次障害への対応を行わなくてはなりません。多くの場合、治療的な対応が必要になるため、医療機関へ通院

し、必要に応じて薬物療法や精神療法を受けることになります。これにより、先に述べた一次障害への対応もより楽になる場合が多いと思います。二次障害があるために、一次障害への対応も難しく、仕事や日常生活活動が整えられないという状況は避けなくてはなりません。まだ二次障害に対応していないのであれば、主治医や支援者の指示を仰ぎながら実行してみてください。

3．生活リズムが安定していない

　生活リズムが安定し、日常生活活動が自分で実施できるようになることは、安定した就労の基本です。朝起きて朝食をとり、整容し、（仕事などの）昼間の活動をしながら、お昼頃には昼食をとり、夕方以降、就寝までの間には夕食・入浴・整容を行い、夜はしっかりと睡眠をとるということを規則正しく、毎日繰り返すことができなければなりません。毎日続くこの単調な繰り返しに耐え、実行できるということが、生きていくため、そして仕事や学業を継続して行うために、大変重要なのです。

　現在、この規則的な生活リズムが乱れているとしたら、転職を考える前に生活記録表（p.47）などを用いて生活リズムを整えるようにしましょう。生活リズムが整ってくると、自分では思ってもみなかったことが仕事でも日常生活でもできるようになってきます。この喜びを是非発達障害の皆さんにも体験して欲しいと思います。

4．転職すべき理由が理解できていない

　転職を決意するまでには、それによって自分の仕事と生活がプラスに

なるという期待がなくてはなりません。そのような期待もなく、ただ単に今の仕事が嫌だとか、面白くないといった理由で転職しようとする人がいたとしたら、いい結果が出るとは考えられません。

　転職を決意する理由は人によって異なり、複数あることも多いと思いますが、その理由を紙に箇条書きにしてみるなど明確化し、自分で納得しておくことが必要です。このステップにより、転職を決意する前に自分が現在の職場で対応すべきこと、対応しても解決しないことがハッキリしてくると思います。この差がハッキリしているか否かが、転職後の仕事にとっても大変重要な意味をもってきますので、転職を意識した際には、このプロセスを必ず踏むようにしてください。

5．転職に過度の期待を抱いている

　転職など自分の生活が変化する際には、期待と不安が入り混じり、少し興奮気味で躁状態に近い気分になるのが普通です。定型発達の人でも気分に変調をきたしますので、ストレスに弱い発達障害のある人では、その変化はかなり大きいと思います。そのため、人によっては転職後の生活を妄想的に理想化してしまい、実際に転職した後の現実とのギャップに耐えられないことが多いのです。このギャップは失望という名の喪失に姿を変え、自分に襲い掛かってくることになり、かなり辛いものです。

　このような状態を防ぐためにも、転職に過度の期待を抱くことは止めましょう。もしも、転職に際し、冷静に判断できなくなるようなことがあれば、主治医に相談し、必要な治療を受けるようにしてください。長い人生を俯瞰すると、その方がきっといい結果に結びつくと思います。

6．転職に全く期待を抱いていない

　これは先程と逆の場合で、転職に全く期待していないケースです。特に転職を繰り返している発達障害のある人に見受けられ、発達障害に限らず、他の障害者雇用の経験のある人にも多いようです。前述のように、転職のような変化が起きるときには興奮気味になる方が自然な反応です。その反応が見られないということは、転職後の生活に期待していないと考えるべきです。そのような状況で転職をしても、いい結果が出るとは思えません。このようなときには、無理して転職することを避け、自分がこれまでの転職で体験した喪失感を癒すことを優先しましょう。生きていくうえで何か極端な反応が出ているときに事を起こしても、決していい結果にはなりません。ここはじっくりと構え、準備ができてから転職するかどうか、もう一度考えるようにしましょう。

7．周囲から退職を強く止められている

　発達障害のある本人は転職に向かって進もうとしているのですが、周囲がその理由を全く理解できていないときがあります。このような場合の多くは、当事者と周囲の感じ方に大きなずれがあり、意思の疎通が上手くいっていないときです。
　本人は転職しさえすれば意思の疎通ができる世界が待っていると思い込んでいるのですが、現実はそんな簡単なものではありません。これは前項の「5．転職に過度の期待を抱いている」につながりますが、このような場合は、まず本人と周囲とが理解し合える努力をすることを優先させるべきと思います。転職を考える前に、双方がしっかりと状況把握し合える環境を構築することが最優先課題です。

Q 自分の能力に見合った資格を取って、転職を考えてもいいでしょうか？

A 発達障害のある人の中でも知的障害を伴わない自閉スペクトラム症の場合、障害者雇用枠の業務では物足りない可能性があります。そのような場合は、国家資格（またはそれに準じた民間資格）の取得をお勧めします。

　資格を取得できれば専門職として、企業内で一般雇用者として働くことができます。ただし、発達障害の人の特性に「認知のずれ」があることからもおわかりの通り、自分の能力を客観的に評価するのは難しいことです。自分ではできると思っていても他人から見ると全くできていないこともあれば、反対に自分の思いとは逆に他人よりも良くできていることもあります。どのような資格が向いているか自分ではわからない、もしくは勘違いしていることも多いので、信頼できる方に客観的に判断してもらうようにしましょう。

　なお、資格取得のためには、受験勉強をして試験に合格する必要があります。試験に合格した後は、研修期間を経て業務に就くことができます。実際に働けるようになるまでに、どのくらいの期間とお金が必要になるかは資格によって大きく異なります。受験方法や資格取得後の就職状況など、詳細は各資格制度を維持している機関に直接聞いてみるか、またはすでにその資格を有する人に聞いてみるのがよいでしょう。具体的なことがいろいろとわかるのでお勧めです。

障害者実習、インターンシップで意識したいこと

有限会社奥進システム 代表取締役　**奥脇学**

◎ はじめに

　有限会社奥進システムでは、中小企業向けのWeb業務管理システム（受発注管理、在庫管理など）の開発や、ホームページの制作を業務としています。社員は10名、うち障害者が8名（身体障害者2名、内部障害者1名、精神障害者2名、発達障害者3名）です。さらに、障害者8名のうち5名は、弊社で実施している障害者実習をきっかけに採用にいたりました。現在でも実習に来られた方の経験になればという思いで、多様な方々の実習を受け入れています。

◎ 障害者の実習、インターンシップとは

　今まで、入社してもすぐに辞めてしまい転職を繰り返す人、アルバイトも長続きしない人をたくさん見てきました。自分の役割や立ち位置が理解できず職場になじめない人、コミュニケーションがうまくとれず徐々にしんどくなり辞めていく人などにとっては、入社前、仕事体験をしながら、職場内でのコミュニケーションや役割について考える機会が必要です。その経験の場として、実習やインターンシップがあります。
　企業に就職し、組織の一員となって働くためには何が必要なのか？実習を通して自分で考え、学んでいく良い機会になればと考えています。

（１）実習、インターンシップの受け入れ

　弊社ではこれまで、特別支援学校、専修学校、大学、障がい者就業・生活支援センター、就労移行支援事業所、知り合いなど、いろいろなところから実習やインターンシップを受け入れてきました。参加希望者には障害者のみならず、大学生、引きこもりの方、外国人といったさまざまな立場の人がいますが、実習の際は、プログラミング、ホームページ作成、データ入力、事務作業など弊社の業務の一部を担当してもらっています。

（２）実習、インターンシップの内容

　実習、インターンシップの内容はそれぞれの企業によって特徴が異なります。作業効率を重視するところ、協調性を重視するところ、各企業が業務を遂行するうえで、特に大事に考えているポイントが意識できるように構成されています。

　弊社の場合は、「職場に慣れる」「生活リズムを意識する」「自分なりの報連相（ほう・れん・そう）の方法を考える」などを重視しています。障害の有無に関わらず、誰でも初めての環境は緊張します。そのため、とにかく２～３日は会社の雰囲気に慣れることを目的に、軽作業をしながら緊張感をほぐしてもらいます。１日もかからずに慣れてしまう人、１ヶ月たっても緊張が取れない人、さまざまな人がいますが、どのぐらいで職場に慣れるかを一緒に確認します。次に、約束した時間通りに勤務ができるか？　また、そのためにどのような工夫が必要なのか？（睡眠時間など）を考えていきます。

　そして、職場におけるコミュニケーションの基本である「報告・連絡・相談」について、はじめに通常の作業指示で自ら報連相ができるかを確認し、できなければできるようにその方法を一緒に考えていきます。例えば、「時間区切りで報告する」「チャット、メールを使用する」「相談するタイミングについて、ルールを作る（ex.30分自分で考

えて解決できなければ、他の人に聞くなど)」を試してみて、それぞれの当事者にあった報連相を考える練習をするようにしています。

◎ 現場で何を意識するのか？

障害者実習の現場では、「長く働き続けるために何が必要か？」ということを意識します。せっかく入社しても、会社の仕組みや周囲との人間関係に慣れず、退職するようなことがあっては残念です。自分の特性を理解しながら、周囲と協働して仕事を円滑に進めるためにはどのような工夫が必要か？ また、社内で自分に与えられている役割はどのようなものか？ を意識し実践することで、就労先で長く働く方法を身につけてもらいます。この際、いろいろ試し、いろいろ考え、失敗しても構いません。さまざまな方法を模索し、うまくいった場合は就労後もその方法を継続させることを意識します。

◎ 目的を考えて取り組む

弊社では、就職後に就労を継続してもらうことをイメージして、実習やインターンシップを受け入れていますが、参加者には自らの目的を考え取り組んでもらうようにしています。

基本的には実習やインターンシップの前に職場に見学に来て頂き、支援者がいれば支援者も一緒に実習やインターンシップの目的について話し合います。例えば「作業指示の内容を的確にメモできるようにする」「昼休みに他の社員と雑談できるようにする」「自分なりの報告の方法をいろいろ試してみる」など、自分自身で「こうすれば働き続けることができる」という技術を考え、その技術の獲得を目的に実習、インターンシップに取り組んでもらっています。

◎ 職場風景をイメージしてみる

　職場内で何らかのトラブルに直面したとき、しんどくなったとき、発達障害のある人はその特性から、周囲に相談しずらいと感じることがあるようです。実習やインターンシップ中には、困ったことがあれば誰かに相談するというシミュレーションを行い、自分の困り感や状態を人に伝える練習をします。無理して働き続け、ストレスが蓄積し辞めてしまうことのないよう、実習やインターンシップ中に誰にどのように相談したらよいのかをイメージしておくことも大切です。

（1） 課題だけでなく、長所からイメージしてみる

　実習やインターンシップでは、課題解決のための工夫や手順ばかりを考えがちですが、自分の長所を活かし、さまざまなことを克服する方法を実践で試せるとてもよい環境ともいえます。例えば面と向かって話すことはとても苦手だが、文章はスラスラ書けるという人であれば、メールやチャットなどを利用して相談、報告をしてみるなど、自分の長所を十分に職場で生かせる方法をいろいろ考えて、試してみることも大切です。

（2） 自分を理解してもらえる環境を考える

　就職、転職をする場合、自分の好きな職種や得意な職種を探すことになると思いますが、働き続けるために一番大切なのは、職種よりも自分を理解し、能力を認め、そしてその能力を十分に活用してくれる環境があるかどうかだと考えています。好きな仕事に就きたい気持ちや得意なことを活かしたいという気持ちもわかりますが、実習、インターンシップの機会を利用して、その職場が自分のことを理解してくれ、配慮があり、能力が発揮できるような環境にあるかを見極めることも大切だと思います。

　しかし、志望企業に実習、インターンシップの機会がない場合や、

就労後の配置転換など、事前に職場環境がわからない場合もありますので、実習、インターンシップ中には支援者の力も借りながら、自分を理解し、配慮し、能力を発揮できる環境を自分たちでつくるためにどうしたらいいのか、当事者間で考えてみることも必要だと思います。

（3）大事なのは、長く働きつづけるイメージを持つこと

　就職、転職をするときに一番大切なのは、「長く働き続けること」です。キャリアアップのために転職をするのはいいと思いますが、病状の悪化による体調不良や人間関係を理由に、何度も転職を繰り返してしまうと、転職することが難しくなってきたり、常に新しい職場環境に慣れない中でストレスを抱えたまま無理をすることになったりと、良いことがありません。

　実習やインターンシップの機会をうまく利用し、失敗から学び、成功から考える中で、実習、インターンシップの過程を通して職場における人間関係の構築方法や仕事の方法をいろいろ体験し、「長く働き続けること」を実現して欲しいと思っています。

第3章

知っておくべき制度やルール

Q 会社を休みがちで有給休暇を使いはたしてしまいました。この後はどうすればよいでしょうか？

A 有給休暇を使い果たしてしまうと、その後勤務を休んだ場合は欠勤扱いとなります。欠勤も事前申請が必要です。会社就業規則によりますが、連続して休む場合、会社は診断書の提出を義務付けることができます。また欠勤＝不就労分の賃金は控除されます。

　有給休暇を使いきってしまった人は、勤務できない日はすべて欠勤扱いとして処理されます。また、有給休暇は原則として、「全労働日の8割以上出勤」した労働者に付与されます。つまり、有給休暇を消化後欠勤し、出勤日が8割を超えていない人には新年度になっても有給休暇が付与されません。さらに、有期雇用契約のある人は契約期間中の欠勤が著しく多い場合、次年度の契約更新が行われないことがあります。

　従業員は労働契約上の義務として、労務を提供し、その労務に対して賃金が支払われます。労働者には労務を提供するために自己の健康管理責任が発生します。原則、欠勤はありえないのですが、従業員への健康の配慮から、話し合いながら対応していくことになります。欠勤の申請をしたうえで、会社の対応と指示に従います。

✔ 欠勤すべき正当な理由の確認

　前述のように、労働者は労務を提供し、その労務の対価として会社が賃金を支払っています。労働者は自己の健康管理に留意し、会社カレンダー通りに勤務日には出勤し、労務を提供する責任が発生します。欠勤

が多く、そのことが業務に支障をきたすようであれば、会社としては当然、なぜ欠勤が多いのか、理由を分析することになります。まず、欠勤（特に病欠の場合）の理由が、真に業務に耐えられないといった正当な理由に基づくものであるか否かという点です。発達障害のある人の一部の疲れやすさ、体調不良は、周囲に理解されにくく、仕事に差し支えない程度の病気ですぐに休むというように思われがちです。体調不良が長く続く場合は、主治医による診断書の提出が求められます。診断書を提出し、次に、産業医の意見を求め、「業務運営への支障」と「本人の健康」の観点から、長期休養が必要だということになれば、就業規則の定めに基づき、休職を命ぜられるのが一般的な流れです。

個人面談での確認

　有給休暇の取得が多くなってきた時点で、管理職は個別に面談を行います。初期の段階では、長時間労働や職場の人間関係の不調が原因となっていないかどうか、現行の勤務体制で問題がないかを確認し、必要があれば改善措置を採ることで問題解消につなげていくというアプローチが一般的です。体調不良による欠勤の場合、上司はより丁寧にヒアリングを行うことになります。一人の社員の欠勤が著しく増え、特別な対応も取らずにそのままにしていると、周囲の社員が不公平感をもつことがあります。職場の社員のモチベーションが低下することがないように、管理職はルールに則って対応していく必要があります。
　休職および復職については、企業ごとにルールが決められています。休職となった場合は、休職期間中における回復状況のモニタリング次第で、復職、退職と選択肢が分岐されます。契約社員の場合は休職中に雇用期間終了を迎えることがあります。

> **Q** 通院のための休暇はできるだけ減らす方がいいのでしょうか？

> **A** 体調がすぐれない状態で勤務することは、自分だけでなく周囲にも迷惑をかけることになりますので、休暇を使って診察を受けることは大事なことです。ただ、元々取り決めていた定期通院以外で頻繁に休んでしまうと、いくら通院のためとは言え、周囲からは体調の不安定さを懸念されるので気をつけておく必要があります。体調も刻々と変わっていくものですから、大事にならないように上司らにその都度、相談することをお勧めします。

通院への配慮

　就業時の配慮（合理的配慮）という点で、通院・体調への配慮は職場に課せられるものです。通常、あらかじめ決められた数の休暇がありますが、利用数が増えれば少し事情が変わってきます。特に通院で休む回数が増えると、上司や管理職は、長く勤めることが難しいのでは？　と考えることもあります。先々の仕事への支障を考慮し、仕事を任せたいという期待感も下がってしまうかもしれません。つまり、自身の評価を下げてしまうこともあり得るので、気に留めておきましょう。

通院のための休暇

　通常、所定の勤務日を私用で休む場合は有給休暇などを用います。基本的に有給休暇は、どんな目的で利用しても支障はありません。職場に

もよりますが、採用時の条件として、月2回とか半期に2回までの設定で、通院のための休暇を雇用条件として付加したり、または制度として持っている所もあります。これは、通常の有給休暇とは別の設定で設けられています。ただ、有給休暇を使い果たしてしまうと、「会社を休みがちで有給休暇を使い果たしたら、どうすればよいでしょう？」（p.70）の項目につながってきます。状況によっては、その後の有給休暇が付与されなくなることもありますので、よく参照しておきましょう。他に、半日休暇や時間単位休暇が設定できる職場の規定があれば、通院の時間帯を調整し、限られた範囲の中で制度を利用することもできるでしょう。

通院と休暇のバランス感覚

体調が悪くなると勤務に大きな支障が出るかもしれないので、通院も含め大事をとって休みを取ろうとしているのに、反対に取りすぎるとよい印象を与えないという矛盾するような所があり、なかなか納得いかない思いをもつ人も多いかと思います。だからと言って、無理して勤務を続け、取り返しのつかない状態になってしまっては元も子もありません。

当初予定していた通院状況に変化が生じたり、大きく体調変化があった場合には、まずは上司に自分の今の状況を理解してもらうようにきちんと説明して伝えておきましょう。就労を継続していくためにも、今後の対応・対策を相談することが望ましいです。そして、体調に問題がないようならば、労働契約を遵守し通院機会を減らしていき、仕事に支障が出ないように勤めることが、働く者の役割であると心掛けるようにしましょう。そのうえで、残念ながら、体の調子が思わしくないようなら主治医とも相談し、これからどのように就労を進めていくべきか、上司らと早めに考えていきましょう。

Q 仕事のないときにインターネットを見ていてもよいですか？

A 職場で見てよい内容は、基本的に仕事に関するものです。インターネットで何でも簡単に調べられる、便利な時代になりました。仕事上、わからないこと、知りたいことがあれば、とりあえずインターネットでキーワード検索というように、辞典がわりの使用が増えてきていますが、どんな内容の情報を得るかは節度が求められます。

手隙の時間の過ごし方

　質問に「仕事のないときに」とありますが、発達障害のある人の中には集中力が高く、他の人の 2.5 倍〜 3 倍のスピードで仕事をこなす人がおり、あっという間に仕事が片付いてしまうことがあります。そのため、残りの時間を持て余してしまうという人は少なくありません。このような特性のある社員に対し、個々に適切な量の仕事を用意することができればよいのですが、一般の職場ではそこまできめ細かな対応は難しいでしょう。手隙の時間は、仕事に関わる情報をインターネットで検索したり、ふだん手のつけられない資料を整理したり、業務をまとめてマニュアル化したりなど、個々に仕事を見つけ出して過ごすのが一般的です。

　また、注意しなければならないのは、本人の仕事のスピードがどんなに速く、あっという間にその日の仕事を終えてしまったとしても、周囲の人にはそれはわかりません。傍からみれば、手隙になり、遊んでいるようにしか見られないのです。自分の仕事をうまく配分して時間を過ごすことも、職場でうまくやっていくために必要なスキルです。

実際に就業中の発達障害のある方から、手隙の時間の過ごし方について度々相談を受けますが、「基本的に行ってよいのは、仕事に関することです」とお答えしています。資料を見たり、整理したり、業務に関係する書籍や雑誌を読むのもよいでしょう。「ふだんは手の回らない、山積みになっている共有の資料をファイリング（項目ごとに仕分けてファイルに綴じこむ作業）し、キャビネットに保管する作業を率先して行っています」と教えてくれた人もいました。簡単な作業に思えますが、ファイリングはルールに則って確実に行う必要があり、一つでも綴じる場所を間違えると意味がなくなってしまいます。ファイルが分厚ければ重くもなり、力のいる作業です。職場では自分の担当業務でなくとも、手隙時間に誰かがやらなければいけない業務を率先して黙々とこなす姿勢は必ずや評価されるでしょう（p.49）。

✓ インターネットで見てよい内容

　「どんな内容なら仕事中に見てよいですか？」と質問を受けますので、具体例を挙げてみます。同じ業界のライバル企業の動向や事業展開、新商品や新サービスに関する情報、世の中のトレンドなどを知るのは業務の範疇です。一方で仕事に関係のない、個人の趣味の事柄を見ていると遊んでいるように思われるかもしれません。

　企業によってはインターネットの利用に関して厳格で、接続を規制したり、フィルタリングと監視を行っていることもあり、ギャンブル、掲示板・チャット、アダルト等が主なフィルタリングの対象となります。このような監視を行っている企業では、業務との関連が認められない＝私用の疑いが高い場合は、個別に呼び出されて警告を与えられることがあるかもしれません。

Q 休憩時間中の長電話は問題ありませんか？

A 休憩時間の過ごし方は自由です。プライベートな電話をかけることがいけないわけではありません。しかし、連日のように長電話をしている姿を職場の人が見かけたら、なぜいつも電話をしているのかと、不思議に思うかもしれません。職場は労働のために来る場所です。心身ともに安定していることは当然で、そのうえでさらに良いパフォーマンスの提供が求められます。そのためにも休憩時間は心身を休めるための時間と捉えられていますので、出来る限り静かに過ごしましょう。

　発達障害のある人の中には些細なことをきっかけに、不安に陥りやすい人がいます。一度不安になると、気持ちの切り替えがうまくできないために、不安がどんどんエスカレートしてしまいます。発達障害のある人に限りませんが、相談者の中には仕事中の不安を解消するために、会社が契約しているEAPのフリーダイヤルを利用する人が多くいます。EAP（：Employee Assistance Program）とは、「従業員支援プログラム」と訳され、契約企業に対するメンタルヘルス（心の健康）やカウンセリング、心の病による休職者の復職支援や業務パフォーマンス向上などを目的とした支援活動のことを指します（『人事労務用語辞典』より）。

　このプログラムは、心の健康のためのホットラインとして設置されているものですから、もちろん社員が利用して構いません。しかし、連日のように電話しても、精神保健福祉士・産業カウンセラー・臨床心理士などの専門相談員が話を聞いてアドバイスをくれるかもしれませんが、

本来の職場での悩みや心配事そのものが解決するわけではありません。職場で悩みや不安があるならば、周囲の人たち（状況と内容によりますが、まず上司、もしくは指導係、職場の相談しやすい人など）に相談し、問題を解決する方法を一緒に探るのがベストだと思います。職場の人に相談しにくい雰囲気がある、あるいは、他人に説明するのが苦手だという人の場合は、第三者に頼むのも一つの方法です。この場合の第三者は、外部機関の支援者であることが多いと思います。

✓ 支援の活用

　最近、企業では精神障害・発達障害のある人で就労経験の少ない人を採用する場合に、支援機関の利用を推奨することが多くなってきています。採用が決まった人は支援機関（障害者職業センター、地元の就労支援センターなど）に登録し、支援（月に１回程度の面談）を依頼し、職場で面談を実施、その面談内容を企業と共有し、就業中、企業と支援機関、当事者とで常に連携を図ります。

　また、転職／就職活動にあたって、就労移行支援を利用した人は、就労移行支援事業所の支援員が就業開始後も一定期間サポートしてくれます。一方で、一般就労経験があり、就労経験の長い人でも、外部支援者に支援を依頼する人が増えています。最近転職された人たちの中にも、転職先の企業に支援機関の利用を認めてもらった人たちがいます。何か問題が発生してしまってからでは遅いので、あらかじめ支援機関に支援を依頼しておくという、もしものときの保険のような役割なのかもしれません。

　このように、発達障害のある人がうまく支援を活用し、新しい職場でも活躍することを願っています。

Q 依頼されたら残業しなければなりませんか？

A 体調が悪いときは残業についての配慮を申し出、申し出があれば企業は配慮する必要があります。改正障害者雇用促進法に基づく合理的配慮指針では、すべての事業主を対象に、募集や採用時には障害者が応募しやすいような配慮を、採用後は仕事をしやすいような配慮をすることなどが定められています。

突発の残業を依頼された

　合理的配慮の指針の中にもあるように、事業主が従業員の体調に配慮することは大切です。発達障害のある人の中には感覚過敏のために疲れやすく、体力のない人がいます。面接の際、体力上の問題からあらかじめ残業への配慮を申し出ている人は、当然残業は配慮されるべきです。

　残業が想定されていない職場では、残業への対応についてあらかじめ話し合うことなく入社する社員もいるでしょう。しかし、体調は本人の申告でしかわからない部分があります。突発的に職場全員の残業が必要になった場合、職場では残業をお願いしたい事情の説明を行い、業務内容と想定時間を伝えます。依頼された社員は、自分の体調を確認し、残業が可能であれば協力を申し出ます。大切なのは、コミュニケーションの取り方が一方的であってはいけないということです。「皆に残業をお願いしているので、やってくれなければ困る」と上司が慣習として残業を依頼するだけではいけませんし、個々の体調について把握する必要があります。発達障害のある人は「残業のない職場だと聞いていた」と考

えがちですが、その都度自分の状況や体調を上司に伝え、協力できるところは歩み寄る姿勢が職場では大事です。双方が十分にコミュニケーションをとり、話し合いにより決めることが大切です。

表1 発達障害に関する合理的配慮指針

募集及び採用時	・面接時に、就労支援機関の職員等の同席を認めること。 ・面接／採用試験について、文字によるやりとりや試験時間の延長等を行うこと。
採用後	・業務指導や相談に関し、担当者を定めること。 ・業務指示やスケジュールを明確にし、指示を一つずつ出す、作業手順について図等を活用したマニュアルを作成する等の対応を行うこと。 ・出退勤時刻／休暇／休憩に関し、通院／体調に配慮すること。 ・感覚過敏を緩和するため、サングラスの着用や耳栓の使用を認める等の対応を行うこと。本人の状況を見ながら業務量等を調整すること。 ・本人のプライバシーに配慮した上で、他の労働者に対し、障害の内容や必要な配慮等を説明すること。

出典：改正障害者雇用促進法に基づく合理的配慮指針（平成28年4月施行）

周囲が全員残業している職場

　面接の際に「体力があまりないので残業は1日1時間程度が限界です」と申し出たAさんが入社した職場は、深夜まで残業する人が多いという大変忙しい職場でした。とは言え、周囲と同じように遅くまで残業をする必要はありません。自分の体調を優先して取り組みましょう。

　職場には非常に多くの電話があり、新人のAさんは率先して電話対応をしていましたが、一度業務を中断すると集中力が戻るのに時間を要します。朝の時間帯は職場にかかってくる電話が少ないため、ルーティーンの業務に集中して取組むことができるとわかり、上司の許可を得て、朝早く出勤するスタイルに切り替えました。仕事の進め方を効率的に考えることも大切です。

> **Q** 仕事内容が当初予定されていた内容から何度も変わり、定まりません。

> **A** 所属部署の性格や、業務等諸々の状況から仕事内容が流動的になってしまうことも理解しておかないといけません。そして、職場側が障害特性への適性を考え、試行錯誤していることを意識するのも大事です。あまり焦らず、与えられたチャンスを確実にこなしていくことに専念すべきと考えます。

仕事の現実

　実際、すべての仕事が型通りに進むことは多くありません。当初予定していた仕事が、突如なくなることもあれば、別の内容に切り替わることも、何かしらのトラブルが起きて仕様が変わることも、当たり前のように起こります。また仕事には繁忙期／閑散期があり、事業改編で急に業務が減ってしまうこともあります。人事異動によって、担当業務が別の部署に委託されることもあります。当初予定していた仕事がなくなるということは、珍しいことではありません。このように、流動的に変化するのが仕事であるという認識をもつようにしましょう。

仕事への適性の見極め

　発達障害の特性として、すべての準備が調っていないと突発的な事態が生じた場合、不安になりパニックに陥ってしまうことが指摘されています。しかし、先に述べたように流動的に変化する仕事に対して、すべ

ての準備を調えることは難しいでしょう。

　また、業務内容が変化する理由として、もう一つ考えられることがあります。業務遂行能力が低かったり、ミスの発生だけでなく、成果が予想より下回ることも要因になり得ます。自分では、完璧に仕事をこなしていると自負していても、上司や周囲から見れば満足できる結果や過程ではないと判断されることもあります。そこで、よい成果が生まれるように改善策が講じられたり、より適性に合う仕事を試行的に実施してみたり、特性にあった適職を探そうと、絞り込みのためにさまざまな作業指示を出したりするものです。当事者としては、コロコロと変わる仕事内容に不安を覚えるかもしれませんが、自身にとって最適な仕事に出会うための過程であることを理解し、どんな仕事でも手を抜くことなく、真剣に取り組んでいく姿勢で臨まないとなりません。

 雇用促進の陰で

　残念なことですが、発達障害のある人の受け入れに対しての準備不足や障害者雇用の理解の未熟さから、求人票に記載された仕事内容から二転三転し、結局何も仕事をさせてもらえない職場もあります。法定雇用率を意識してか、"とりあえず"の採用を優先するあまり、組織の認識不足や仕事内容・現場部署との調整がないまま採用を進めてしまったケースです。また、そのような状況や、本人の苦悩に対応しきれていない支援機関もあります。企業内部の事情は、採用されてからでなければわかりません。もしも採用選考時、担当者の対応がぞんざいであったり、質問や問合せに対してあやふやな回答をされるような場合は要注意と見てよいでしょう。

Q 発達障害の診断を受けるように指示されました。どうすればよいですか？

A 診断を受けるよう勧められたのには、何か理由があると思われます。任された業務が達成できていない、あるいは個人的な特性から、業務遂行に適していない、などといった背景が考えられます。企業には従業員への安全配慮義務があり、自身にも健康管理と労務の提供を果たす責任があります。双方がともに今ある課題を解決するために協力し合うことが大事です。

意外と多い、職場からの相談事

　著者が発達障害のある人の就労支援をしている中で、医療機関への受診指示を受けて悩む当事者からの問合せや、従業員のメンタルヘルス不調や発達障害の可能性を危惧し、医療機関に受診させたいがどうすればいいかわからない、本人が受けようとしないので困っている、といった企業からの相談が、実は数多く寄せられています。
　このような指示の背景には、職場や業務で起こっている状況（一人で仕事を任せられない、一人での対外対応が難しい、など他の社員の定着状況に比べ、業務の習熟具合が不十分であることや、場合によっては対人関係の問題）に対して、本人が気づいていなかったり、気づいていても改善のための一歩を踏み出せないという状況があるようです。
　職場や業務上で問題行動が起こり、複数回にわたって本人に注意等の改善指示を出したものの、自身での改善が困難と思われ、職場で対応に苦慮しているケースもあります。その状況を産業医等の専門家に相談

し、そのうえで、改善のための方策を探るために専門の診療科を受診してみては？ という指示に至るのです。これは発達障害の診断だけに限った話ではなく、メンタルヘルスの不調が心配される社員についても、十分にケアするために診断を促したいが、拒み続けて改善策にたどり着けないという事例にも共通することです。

似たような質問として、「面接で主治医の意見を求められました」(p.56) にもあるように、雇用を進め業務をより良く遂行するうえで本人の状況を見極めたいという意志があって、診断を促していると思われます。一般就労で採用した従業員の場合、事由なしに他の従業員とは異なる手厚い対応は取りにくく、診断を得ることによって、企業は従業員に対してサポートをしやすくなります。診断を得ると待遇面に影響が出るのではないかと心配かもしれませんが、医療機関を受診し、診断が出ただけでは待遇面に影響が出ることはありません。企業には合理的配慮の提供義務があり、診断が出たからといってただちに不当な処遇を下すことはないはずです。常に職場と相談して合意のうえ、納得のできる取決めをすればよいでしょう。

医療機関への受診指示

上司からの指示を何度も断り続けた挙句、職場での振る舞いや業務上のミスなどの問題行動が継続し、さらに医療機関の受診を拒否し続けた場合、業務命令として受診指示が発せられる可能性もあります。このように、就業規則に根拠となる規定があれば、業務命令として医療機関への受診を促すことができます。そして、それも拒んだ場合には、懲戒処分等も検討される恐れがあります。

Q 休職復帰する際、これまでの仕事ではない事務職を希望することはできますか？

A 希望することは可能です。ただし、職場の構成・業務の内容など固有の事情により、必ずしも申し入れ通りに配置換えとなるとは限りません。まずは元の職場において、遂行上の配慮がなされることが優先されるでしょう。その後で、希望する職務への適性があるかどうか検討することになると思われます。

最適な仕事を見つけるために

　いきなり別の職場や業務に移ったとしても、そこでうまくいくかどうかは復帰する前の段階ではわかりませんから、まずは元の職場において対応が考えられます。もし、新たな業務の場で支障が生じれば、結局勇み足な対応をとってしまったことになり、職場全体に大きな支障が出るかもしれません。順序からすると、元の職場で様子を見た後、本人の状況や障害の特性なども含めて総合的に検討したうえで、条件が揃えば配置転換などが打ち出されるものと考えます。

　明らかに本人がもつ発達障害の特性から見て、合わないと思われる仕事（例えば、臨機応変な対応や高度なコミュニケーションスキルが必要な営業職など）に戻すことは配慮に欠けることになるので、定型業務への異動もあるでしょうが、必ずしも即異動とは限りません。後になってよく発生しているトラブルとして、自分には新たな仕事が最適であると思い込んでも、実際には全く思い通りに進められず、余計に負担が増し成果も出せなくなることがあります。せっかく復職できて新たな仕事に

向き合っても、行き場を失ってしまうことになります。周囲の評価もしっかり受け止めて、復職時にどのような仕事を行うか、より慎重に検討しなければなりません。

復職へのステップ

　一般的に、休職から復職に向けてのストーリーがあります。その流れを追ってみると、まずは医療による症状の改善が優先すべきことになります。メンタル疾患を伴っている場合が多いので、それに対する医療的な処置を施しつつ、症状の緩和を見ながら、もしくは並行して、医療サービスの一つであるデイケアサービスの利用やリワークプログラムの実施を通して、復職のための準備を行っていきます。

　乱れてしまった生活リズムの調整から始まり、決められたカリキュラムをこなし、通院ではなく通勤することをイメージしつつ、簡単な作業から段階的に内容を変え、就労生活に近いかたちでの生活リズムの構築へと進みます。復職までにどの程度の期間を要するかは個人差があるので、はっきりとした時期は言えませんが、焦ってしまって何も整わないまま復職してしまうと、逆効果になり余計に体調を悪化させてしまうことになります。結局、また元の状態に戻ることになりますので、復職時期についても気をつけておかなければなりません。

　新たな職場や仕事を見越しているならば、それに見合う職業訓練も必要です。その場合、就労移行支援サービスの利用も訓練の一つとなります。サービスによって利用条件等が異なりますので、医療機関や所轄自治体窓口にお問合せください。

　最後に、復職する／しないは、本人の希望や職場の状況を加味して相談協議したうえで、医師らの判断に委ねることが賢明と考えられます。

就業時における合理的配慮

兵庫教育大学大学院特別支援教育専攻　井澤信三

◎ はじめに

　2006年12月、国連総会において「障害者の権利に関する条約（障害者権利条約）」が採択されました。障害者権利条約では、障害者の人権や基本的自由の享有を確保し、障害者固有の尊厳の尊重の促進と、障害者の権利の実現のための措置等を規定しています。その動きの中で、障害のある当事者によるスローガン「"Nothing About Us Without Us"（私たちのことを私たち抜きに決めないで）」が有名になりました。2014年1月20日、日本は障害者権利条約に批准し、140番目の締約国となりました。

　この動向を受け、「障害者差別解消法（障害を理由とする差別の解消の推進に関する法律）」が2016年4月から施行されました。さらに、「障害者の雇用の促進等に関する法律の一部を改正する法律」も同時に施行され、厚生労働省・都道府県労働局・ハローワークによる雇用主へのリーフレットには、以下の3つのポイントが示されています。

表1　雇用主の障害者に対する配慮、3つのポイント

雇用の分野での障害者差別の禁止	障害者であることを理由とした障害のない人との不当な差別的取扱いが禁止される
雇用の分野での合理的配慮の提供義務	障害者に対する合理的配慮の提供が義務となる
相談体制の整備、苦情処理紛争解決の援助	障害者からの相談に対応する体制の整備が義務となり、また障害者からの苦情を自主的に解決することが努力義務となる

◎ 障害、障害者とは

　障害者とは、身体障害、知的障害、精神障害（発達障害を含む）、その他の心身の機能の障害により、長期にわたって職業生活に相当の制限を受け、または職業生活を営むことが著しく困難な人を対象とします。また、障害者手帳の有無に限定されないこと、かつ、雇用後に障害があることがわかった場合も含まれることとされています。

　「障害」というのは、個人が抱えている固有のものといったイメージが強いですが、基本的に障害とは「環境と個人の相互作用の結果」により生じるものと考えることができます。つまり、環境との関係により、活動や社会参加への制限・制約の程度が変わってくるということです。これを「障害の社会モデル」と言います。個人に適した環境（仕事がしやすい環境）を提供することで、仕事上の制限・制約は小さくなり、生産性を高めることにもつながります。

◎ 合理的配慮とは

　障害者権利条約では、合理的配慮（reasonable accommodation）を「障害者が他の者との平等を基礎として全ての人権及び基本的自由を享有し、又は行使することを確保するための必要かつ適当な変更及び調整であって、特定の場合において必要とされるものであり、かつ、均衡を失した又は過度の負担を課さないものをいう」と定義しています。わかりやすく言うと、障害のある人が社会で生きていくうえで、その人に必要となる（本人が必要とする）配慮を提供することを意味しています。

　また、過度の負担とは、①事業活動への影響の程度、②実現困難度、③費用負担の程度、④企業の規模、⑤企業の財務状況、⑥公的支援の有無、といった6つの要素を総合的に勘案し、個別に判断します。

◎ 合理的配慮の具体例

では、具体的にはどのような例があるでしょうか？ 以下に列挙してみましょう。

表2　合理的配慮の具体的対応例

読み・書き	漢字を書くことが極端に苦手なので、書き文字による書類の提出はさせず、すべてパソコンによる書類提出に切り替えた。
指示の統一	●複数の人からの違った指示により混乱してしまうことが多いため、作業ごとに担当者を決め、その担当者からだけ指示を出すルールにした。 ●指示を出す作業ごとの担当者には、目印（帽子に赤ラインを入れる等）をつけた。 ●わからないことがあれば直ぐに聞くことができるようにした。
業務の明確化	毎日、仕事内容を書いた書類を本人に渡した。書類には、本人も実際に業務上必要なことを記入できるようにメモのスペースも設けた。
作業への見通しを立てるための工夫	●当日のスケジュールをホワイトボード等に貼りだし、必ず本人に所定の書式にメモをとってもらい、業務内容を一つずつ確認した。 ●時間ごとの業務内容がわかるよう、時間（時計の図）と作業の写真を組み合わせたカードホルダーを渡した。 ●「この時間にはこの作業をする」ということが視覚的にわかるように提示した。
心理的特性	過集中を防ぐため、他の従業員と時間をずらしたうえで一定時間ごとに休憩をとるための計画を作成した。
感覚過敏	●通勤ラッシュを避けるため、始業時間を遅くした。 ●音に対して過敏であるため、静かなところで作業をしてもらう、耳栓を付与する、ヘッドフォンの着用を認める、机の電話を外す等の配慮を行った。
当事者の意思の確認機会の設定	作業日報や日誌を提出してもらい、担当者が本人の状況を確認したり、さらに定期的に面談する機会を設定した。
仕事スキル向上に向けた取組	本人に対して、ビジネスマナー等に関する研修を実施した。
職場スタッフの共通理解	本人の希望を踏まえ、他の職員に対し、対応上の留意点（指示・注意をするときは穏やかに話すこと、一つずつ指示を出すこと、昼休憩時等の関わり方等）について共有した。

出典：厚生労働省『合理的配慮指針事例集（第1版）』より改変して一部引用

◎ 職場におけるつまずきの例

　著者の研究室で、特例子会社に勤める自閉症スペクトラムのある人が会社生活を送るうえでのつまずき（困難性）について、インタビュー調査をしました。以下に、紹介します。

表3　アスペルガー症候群の人が職場で感じるつまずき

業務上のつまずき	● 新しい作業になるとわからない ● 受付とデータ管理を並行することができない ● 電話を受けながらのメモができない ● 決まった仕事がないときに、仕事を見つけられない ● 電話でのクレーム対応ができない ● 休憩がうまくとれない／過集中してしまう ● 同じ仕事が続くと飽きてしまう
身体的疲労	● 仕事の量／残業が増えると疲れる ● 仕事ができると、仕事量が増えるので身体的につらい
コミュニケーション	● 同僚とのコミュニケーション不足でミスが起きてしまう ● 周りからの指示が曖昧でわからない ● 質問の仕方とそのタイミングがわからない（周りが忙しそう）
人間関係	● 他の同僚のミスに巻き込まれて疲れる ● 同僚へのものの言い方が直接的であり、トラブルになる ● 昼食時間の過ごし方（一人でいたい／一人だと寂しい） ● 仕事中に話しかけられたくない
同僚との関係	● 仕事に慣れてきたら、仕事のミスが多い同僚が気になって仕方ない ● 仕事ができない同僚が先に昇級して納得がいかない
上司・会社外の人との関係	● 取引先の人からの配慮がない ● 上司がひどい言葉で注意する ● 上司が不機嫌だと、それが気になり、集中できない
心理的なプレッシャーによる影響	● ミス／遅れを隠すため、上司に嘘の報告をするようになった ● 周囲からよく注意されるので、周りからどう思われているのか気になる

出典：藤本愛『自閉症スペクトラム者の職場における困難性と問題解決の検討―特例子会社における就労定着事例の調査を通して』2015，兵庫教育大学大学院修士論文（未刊行）

　以上のようなつまずきを概観してみると、やはり合理的配慮の重要

性が実感できます。**表2**で見たように合理的配慮としての環境・対応の変更（仕事のしやすさを増やし、仕事のしにくさを減らす）、スキルアップ研修、さらに当事者への面談の実施等によって問題解決に至る可能性が生まれ、それにより仕事の持続性を高めることにもつながるでしょう。

◎ 合理的配慮のプロセス

では、発達障害のある人にとっての合理的配慮のプロセスと具体的な内容について考えてみましょう。

図1　発達障害のある人のための合理的配慮プロセス

STEP 1：意思表示

まずは、発達障害のある当事者、または保護者、支援者からの意思表示から始まります。会社生活を送るうえで求める配慮を雇用側に伝えます。それは、採用試験時でも構いません（それによって不合格にはならないという前提があります）。

STEP 2：協議

次に、当事者側と雇用側での話し合い（協議）が行われます。

これは、対立するためのものではなく、合意形成していくためのものです。当事者側は可能な限り、求める配慮とその理由（本人の特性、これまでの生活でその配慮により得られたメリット）を伝えられるとよいでしょう。雇用側は、前述した「過度の負担」の6つの要素と照らし合わせて検討していきます。

合意できれば、合理的配慮として提供していくことになります。しかし、合意できない配慮については、協議をするうえで、提供できない理由を「合理的に」説明することが求められます。

STEP 3：配慮の提供

STEP 2で合意できた配慮について提供していきます。しかし、合意できた配慮だけを義務的に実施していくという姿勢ではなく、常に、当事者中心に、柔軟な配慮変更を含んでいくことが大切なポイントとなります。

> **STEP 4：意思の確認**
>
> 　しばらくすると、時間の経過とともに仕事内容・量が変化し、人間関係も変化し、当事者も成長してきます（本人の仕事スキルの向上、コミュニケーション力の向上とともに、思いの変化など）。
> 　そのため、定期的に本人の意思を確認することが求められます。その際、当事者が適切に伝えることができないこともあるので（例：不満があるのに現状のままでよいと意思表示してしまう）、保護者や支援者からの情報も得たいものです。
> 　継続する配慮、取りやめる配慮、形式・内容等を変更する配慮など、協議していきます。

◎ 最後に

　合理的配慮は、一方的なものではなく合意形成のたまものです。そしてそれは、発達障害のある人にとっても、雇用側にとっても「利益」につながります。さらに、他の定型発達の人にとっても生産性を高める環境につながるだろうと思います。そのためには、お互いの「声」に耳を傾けることが何よりも大切なことになるでしょう。

第4章

転職までの準備

キャリアチェンジの負担

　キャリアチェンジとは、「これまで経験・習得してきた職務内容から、全く別の経験の無い職務内容へと変わる、移ること」（コトバンクより）です。現在、事務以外の職種に従事している人が、転職活動を経て、事務職に就くことはキャリアチェンジですが、本人や周囲が考える以上に難しいのが実情です。一般の採用市場でも、求職者から人気の高い正社員事務職の有効求人倍率は 0.24 倍（2015 年 10 月）と、全体の 1.24 倍に比較して狭き門と言えます。障害者雇用枠での採用は事務職の求人が比較的多いものの、希望者も多いため、倍率が高くなります。

　転職時期が 30 代、40 代と上がるに連れ、専門性や実績など求められるハードルが上がります。そのため、20 代のほうが採用の可能性は高まります。ただし、若ければ誰でもキャリアチェンジできるというわけではありません。「社会人として、基礎力が身についているかどうか」が最低限の採用基準です。実際に働いてみないとわからないことかもしれませんが、新たにチャレンジしたい業務に果たして自分はマッチしているのか？　なぜチャレンジしたいのか？　など、しっかり考えて、面接官に納得してもらえる志望動機を作成する必要があります。

　転職は皆さんが考える以上に狭き門かもしれませんが、時間をかけて努力を重ね、準備してきた結果、キャリアチェンジに成功した人もいます。共通しているのは、希望する仕事に求められるスキルや経験を把握し、勉強していたことです。転職活動には、自分のキャリアを長期にわたって戦略的に考え、そのための着実な準備を怠らないこと、そして転職への強い意志が必要です。

転職の理想と現実—苦戦する例

　就業中の転職は苦戦を強いられるものですが、特に一般就労から障害者雇用枠への転職はさらに難しいかもしれません。新卒で入社してから1～2年以内に職場の人間関係でトラブルを抱え、体調を悪化させて休職する方も見受けられます。そのような場合は、仕事でわからないことがあっても丁寧に教えてもらえず、上司も威圧的なタイプで、何をやっても怒られてばかりというような環境にあることが多いようです。

　通院し、短期間休職することで回復しても、気持ちの落ち込みの原因が上司である以上、復職すればまた体調が悪化するに違いないと休職中に転職活動を始める人がいます。しかし、これは当人の予想以上に苦戦します。現在の職場で抱える問題を解決できないままに転職活動を進めても、採用担当者から見れば、転職後も同じような理由ですぐに辞めてしまうのではないかというリスクがあるためです。

　さらに、応募者が一般就労（大手企業の正社員など）である場合、障害者雇用枠での採用は、処遇面で現状より大幅にダウンすることも想定されます。選考を進めても、給与等の条件で折り合いがつかず、応募者が辞退するのではないか、あるいはもし採用しても、処遇に納得がいかず、また転職してしまうのではないかと考える可能性もあります。

　このような理由により、就業中の方は求職中の方に比べると選考に進む確率がよいとは言えません。契約社員で就業中の方についても同様です。仕事が単調でつまらない、仕事量が少ないという理由での転職は、障害者雇用枠で仕事量を十分に用意できないかもしれない懸念から、採用する側も二の足を踏むことが考えられます。

転職活動のスケジュール

「○月までに転職を希望します」と、数ヶ月のうちの転職を希望する人は少なくありませんが、思惑通りにことが運ぶことは少ないようです。障害者雇用枠の採用でも、適性検査を実施したあと第三次面接まで実施する企業もあります。数社にエントリーした場合、応募から最終的な選考結果が出るまでに3〜6ヶ月を見込んでおくのがよいでしょう。

最近では、通年採用を行い、良い人材さえいればそのタイミングで採用を行う企業も増えていますが、一般に求人が増えるのは、1月〜3月と7月〜9月です。この期間は、ボーナス後に退職した社員の補充や、組織の拡充・新規事業に合わせた人員募集が行われ、採用市場が最も活発化する時期です。逆に、新年度がスタートする4月と、年末を控えて慌ただしくなる12月は、企業も採用に消極的と言われています。

一方、障害者雇用枠の求人が増えるのは、1月〜5月と10月〜12月です。特に3〜5月は法定雇用率の報告が6月1日であることから、最も求人数が多く、採用ニーズの高い時期です。一般就労と同様に4月は新入社員対応で人事担当者が多忙、8月はお盆休みなどの理由で面接が進まない時期でもあります。自分の都合や、想定通りには選考が進まない場合があることを織り込んでおくのがよいでしょう。

図1 障害者採用の年間スケジュール

	1月	2月	3月	4月	5月	6月	7月	8月	9月	10月	11月	12月
ハローワーク面接会		■	■			■	■			ブロック別		
企業の採用活動活発期	■	■	■	■	■	■				■	■	■
企業の採用活動停滞期	■			■				■				■

準備期間

転職に必要な準備期間

　採用選考の過程では、書類応募から面接へと進むまでに数週間かかることがあります。応募の前の準備期間にも十分な時間が必要です。就業しながら転職活動を行う場合には、焦らずに時間をかけて準備するのが得策です。転職に向けての「準備期間」が転職活動全体の活動期間を左右します。また、前職の円満退社のためには退職を申し出てから数ヶ月かかることもあります。就業中の転職活動には時間がかかることを見込み、早目に活動を開始する人が大半です。

　事前準備としては、志望分野の応募条件・採用基準をチェックすることから始めます。志望する業界の知人に意見を聞いたり、人材紹介会社や支援者などの意見を聞いて参考にするのであれば、それなりに時間を要します。場合によっては、英語力やパソコン操作などのスキルアップ、あるいは転職に役立つ資格取得のための準備期間なども見ておく必要があるかもしれません。難易度の高い資格へ挑戦するのであれば、勉強のために半年や1年の時間を費やすことになります。

● 情報収集

　はじめに、志望業界や職種の求人状況・応募条件・採用基準の傾向について情報収集を行います。その際、インターネットの情報だけでは不十分です。志望業界の知人の話を聞く時間も取りたいところですが、十分な就業経験のある方は手っ取り早く人材紹介会社に相談してみるのも

よいでしょう。ただし、すべての障害者専門の人材紹介会社が発達障害のある人へのアドバイスができるとは限らないため、注意が必要です。

● 自己評価

　志望業界や職種を絞り込んだら、次に、志望先で役立つスキルや資格・経験・適性の有無を採用基準に合わせて評価し、採用の可能性を検討します。自己評価が苦手な人は、自分の能力やスキルについて、就労支援機関の相談員に質問してみましょう。障害者専門の人材紹介会社を利用する場合は、担当者にアドバイスをもらうことができますが、全員が手厚い対応をしてもらえるわけではないことを覚えておきましょう。

● 退職

　現在の職場の繁忙期には、できるかぎり退職を避けたいという気持ちもあると思います。内定が出てから円満退職できる時期と期間を十分に考慮しなくてはなりません。円満退職は、転職活動をスムーズに運ぶ大事な要素です。残務整理や引き継ぎには相応の時間が必要なため、読みが甘いと、転職先と約束した出社日を延期せざるを得ない状況に陥ることもあります。予定通りにいかないこともありますが、転職先には状況を随時報告し、理解を得ておきましょう。

　「就業中だと休みが取れないので面接に行けない」という理由で、退職してから転職活動を始めようとする人がいますが、すぐに就職先が見つかるとは限りません。現在の仕事は辞めずに活動を始めるのが基本です。かつて障害者雇用枠の就職活動で苦労した経験を持つ人もいるかもしれませんが、転職活動もたやすいものではありません。転職活動が長期に及ぶことも想定し、就業を継続しながら可能性のある求人にチャレンジしていくようにしましょう。

転職に有利な資格を取得する

　p.94 でも紹介したように、正社員事務職の有効求人倍率は 0.24 倍です。この数字は、一つの仕事に対して 4〜5 人もの人が応募していることを示しています。他の職種からのキャリアチェンジを試みる人、事務経験の少ない人はなんらかの準備をしてからでないと、何社応募してもよい結果に結びつかない可能性があります。

　経験がなくてもやる気をみせる手段として有効なものに、資格の取得があります。資格を持っていれば何でもよいというわけではありませんが、少なくともその資格が役立つような仕事に就くことを目指して、勉強をしたことは理解してもらえます。男性に人気の資格は順に、行政書士、ファイナンシャルプランナー（FP）、宅建主任者、社会保険労務士資格、簿記検定ですが、どのような仕事に就くとしても今やパソコン操作は必須の世の中です。パソコンのスキルを証明する資格が MOS「マイクロソフト・オフィス・スペシャリスト」という、マイクロソフト社の資格試験です。Excel、Word、PowerPoint をはじめとするオフィスツールをどれだけ使いこなせるかの指針となる資格です。

- 事務系

　事務系の職種を目指す人の中でも、数字に強く、正確さのある方にお勧めなのが簿記の資格です。簿記の資格があるということで、就職への意欲が高いとみなされることもあります。就職後もクライアントの財政状況を確認したり、数字を使って根拠を示したりと、簿記の資格がビジネスシーンで役立つ機会は数多くあります。

その他、お勧めの資格がTOEICの受験です。外資系企業でなければ、実際の業務で英語を使う場面は少ないかもしれませんが、英語ができるというのは一つの強みになります。必要なスコアは新卒採用で550点と言われていますが、実際に著者がお会いする発達障害のある人の中には700点〜900点台の高いスコアを持つ人もいます。現在の点数に甘えることなく、就職後も英語力の向上を目指すようにしましょう。

また、社会保険労務士を目指す人もいます。社会保険労務士は、労働保険や社会保険の手続きのための書類を作成し、書類提出代行も業務の範囲内です。社会保険や労務に関する法律や手続きは複雑で専門的な知識が求められるため、この資格は多くの会社で高く評価される傾向にあります。しかし、そのぶん難易度は高く、出題範囲も膨大かつ試験時間が約5時間と長丁場のため、準備と体力が求められます。

● IT系

情報処理に関わる分野、将来、システムエンジニアやプログラマーを目指している人にとっての入門資格として、ITパスポート試験があります。試験の出題範囲にあわせ、市販の問題集を利用すれば、初心者の方でも無理なく学習することができます。また、IT系の企業の多くでは新入社員に基本情報技術者を取得するよう奨励しており、会社の技術力の水準として使われることもありますので、業界での影響力があります。

最後に申し上げたいのは、就職も就職してからの仕事も資格さえあればうまくいくというものではないということです。資格は「その程度の知識を持っている」ということの目安でしかありません。資格を取ったからといって、その仕事をこなせるわけではなく、常に学び続ける姿勢が大切です。「資格」は意欲をみせるツールであると認識しましょう。

履歴書の書き方

● 手書きか、パソコンか？
　新卒の就職活動では履歴書は手書きすることが基本でしたが、就業経験がある人の転職活動ではパソコンで作成して構いません。エクセルなどで作られたフォーマットに記入します。自分の書きやすいフォーマットを探しましょう。メール添付で応募する形式の企業もあります。各企業の指定に従いましょう。サイズはＡ４が一般的です。字がきれいな人は手書きで作成することで好印象を与えることができるかもしれません。字を書くことに苦手さのある人は迷わずパソコンで作成しましょう。

● 古い履歴書を使いまわさない
　過去に利用した日付の古い履歴書を使いまわす人がいますが、そのまま他社への応募に使うのは避けましょう。履歴書の日付は郵送であれば送付する日、面接日に持参する場合は面接当日の日付で作成します。ほんの少しの気遣いで、採用担当者が受ける印象は大きく異なりますので、くれぐれも手を抜かないようにしてください。

● 提出の前に
　必ずもう一度見直しをしましょう。誤字・脱字はもちろんのこと、日付が記入されているか確認しましょう。また提出前にコピーを取り、自分の書いた内容は必ず保存しておきます。履歴書の内容について、後に面接で詳しく質問されることになるため、面接準備のためにも提出した履歴書の内容はしっかり把握しておくようにしましょう。

図2 履歴書例

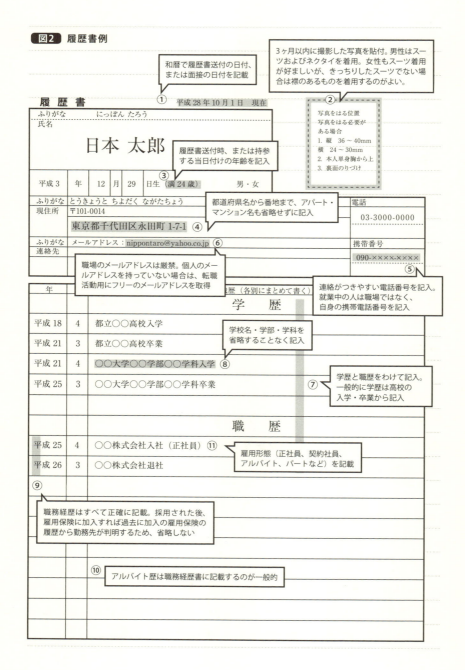

年	月	学歴・職歴

年	月	免許・資格
平成 21	3	普通自動車免許取得
平成 25	3	マイクロソフトオフィススペシャリスト Excel 2013

⑫ 転職の際、アピールポイントとなる資格を記入。多数の資格を保有していても業務に関係のない資格は記入しない。未取得の資格でも「日商簿記 2 級取得を目指して勉強中」と記載するのは可

志望の動機、特技、好きな学科など	通勤時間
	扶養家族（配偶者を除く） 人
	配偶者　　　　　　配偶者の扶養義務　　　　　　有・無　　　　　　有・無

本人希望記入欄（特に給料・職種・勤務時間・勤務地・その他についての希望があれば記入）

⑬ 本人希望記入欄では特別な事情がない限り、待遇や勤務地への希望は書かないのが一般的

保護者（本人が未成年の場合のみ記入）	電話
ふりがな　氏　名	住　所　〒

第 4 章 転職までの準備

ポジティブな退職理由

転職理由説明の際の注意点

　就業中の方の転職の難しさについてはp.95でも記述していますが、障害者雇用枠で就業する人が転職を考える場合、その転職理由の説明には少し注意を払う必要があります。というのは、発達障害のある人には正直な人が多く、良いことも悪いことも、自分の想いをストレートに表現してしまうことがありますが、転職理由の伝え方次第で合否の結果が異なることもあるのです。

　中途採用の面接では、必ず「あなたは、なぜ転職しようと思ったのですか？」と転職の理由を聞かれます。面接官はあなたの今の職場環境がどのような状況で、上司や同僚がどういう人たちなのかは知りようがありません。採用担当者に理解してもらえるように説明する必要がありますが、説明の仕方にはいくつかのポイントがあります。それぞれの退職理由について、採用担当者がどんな疑問を抱き、何をチェックしようとしているのかを解説しながら、ポジティブな回答例を紹介していきます。

● 給与について

　どんな会社でも、すべての人に満足のいく待遇や環境が備わっているわけではありません。採用担当者は、現在の職場に対するなんらかの不平不満を理由に転職する人を採用しても、再び同様の問題に直面すれば、同じような理由で仕事への意欲をなくし、場合によっては辞めてしまうのではないかと考えます。ネガティブな理由で転職を希望する応募者の

採用に対して、担当者が二の足を踏むのも当然と言えます。障害者雇用枠で就業している人の中には、現在の給与が世間相場からみて低いと感じている人もいるかもしれません。実家暮らしの場合はなんとかやっていけても、自立にはほど遠いという現実もあるでしょう。

「自立できる位の給与を望んではいけないのですか？」と思うかもしれませんが、給与が低いことだけを転職理由にするのは得策とは言えません。採用担当者は、本人の能力や勤務態度の面で給与が低く抑えられているのではないかと疑いを持つ可能性があります。給与への不満を述べるならば、それを要求するだけの能力があることを相手に納得してもらわなければなりません。自分の経験や能力に触れながら説明しましょう。

【回答例】	「私は〇〇の業務に△年間従事してきましたので、経験を活かせる職場を希望しましたが、残念ながら現在の職場では希望の業務に就けておりません。能力や実績を正当に評価してくれる環境で働きたいと考えました」
	「一般就労で経理として就業してきましたので、それまでの経験を活かす仕事ができると考えていましたが、残念ながら簡単な仕分けの業務しか担当させていただけませんでした。簡単な業務であり、業務量も少ないため、給与も抑えられています。実家は地方にあるため、上京してからは自立して生活しておりますので、経験のある経理業務に就き、一般的な給与がいただけましたら幸いです」

● 仕事内容について

障害者採用では事前におおざっぱな業務内容を想定するものの、十分な仕事量を用意することができなかったり、想定していた仕事を本人が

こなせないということもあり得ます。そのため、適切な業務（質・量）を用意することができず、入社後、仕事がないという状況は往々にして発生しがちです。面接でのポイントは、そのような状況に置かれた場合、現状の改善を自ら働きかけたかどうかというところにあります。

【回答例】	「前職では業務量が少なく、毎日手持ちぶさたの状態でした。周囲の方に『何かお手伝いできることはありませんか？』と自ら尋ねて仕事をもらっていました。上司にも仕事量を増やして欲しいと依頼しましたが、希望が叶わず、改善の見込みがなかったため、思い切って転職することにしました」
	「自分が成長していくためにどんな仕事でもチャレンジしたいと考えています。今後の業務の広がりの可能性について現在の職場で相談しましたが、残念ながら作業内容の変更や今後の業務拡大の可能性はないことがわかりました。そのため転職を希望するにいたりました」
	「すぐにではなくとも構いませんが、将来的に日々新しい知識や技能に触れて自分が成長していると感じられる仕事をしたいと思っています」
	「自分の能力や経験を少しでも発揮でき、成長していくことができる環境で働きたいと考えました」

● 労働条件について

　労働条件に対する不満のうち、残業時間が長過ぎるという理由の場合、実際にどれくらいの時間数残業しているのかを尋ねられます。応募先の企業の働き方について事前に調べる必要がありますが、1日1〜2時間程度、つまり月30〜40時間の残業は応募先の企業でもあり得るかもしれません。体力上の問題がなければ、「必要であれば残業は可能で

す」というスタンスが好ましく、「定時退社を希望します」「残業のない職場を希望します」など、単に「残業するのは嫌い」と受け取られるような言い回しは禁物です。

| 【回答例】 | 「前職ではかなり忙しく、連日残業が続き、自分の専門性を高めるための勉強をする時間がとれませんでした」 |

● 会社の将来性に不安を感じた

　企業の業績悪化やリストラによる整理解雇が始まったなどの事実がある場合、転職の理由として妥当と受け止められます。しかし、経営方針や上司の指示に対する不満はどこの企業でも起こりうる問題ですので、不満やグチは言わず、どんな点に疑問や不安を感じたのかを事実をもとに淡々と説明するのがよいでしょう。

| 【回答例】 | 「〇年頃より業績が悪化し、人員整理も始まりました。それにより、一人あたりが抱える業務量が増え、いろいろな意味で負荷が重くなり、落ち着いて安心して働ける環境とは言えなくなりました。余計な心配をせずに長く安心して働ける環境で仕事をしたいと思い、転職を考えました」 |

● 人間関係がうまくいかなかった

　発達障害のある人の中には、人間関係に苦手さを持つ人が少なくないと思いますので、この退職理由の説明には慎重を要します。うまくいかなかった状況について具体的な説明を受けても、今後も同じような場面に遭遇すれば、同様のトラブルを抱えるのではないかと人事担当者の心配が先に立ってしまうからです。可能であれば、自分が苦手とする部分については、このように工夫していると対応策を説明できればそれに越

したことはありません。過去にうまくいかなかった経験があっても、その経験を端的に説明できると、客観的な状況把握力が評価につながります。個人的な事情による退職理由でも、過去に拘らず、これからの希望を述べるように表現を変えるだけで、ポジティブな姿勢を表わすことができます。

【回答例】	「理解があり、お互いに信頼できる上司、仲間がいる環境で働き、成長していきたいと思いました」
	「意見やアイデアを十分くみ取ってもらえるような風通しのいい職場で働きたいと考えています」
	「新しい上司が何事にも細かく、些細なことで叱責が続きました。作業に注意を払い、自分なりに努力しましたが、これ以上周囲に迷惑をかけてはと思い、転職を決断しました」

まとめ

　転職を考える理由は個々に異なると思いますが、ポイントは、転職・退職理由をそのままストレートに伝えるのではなく、自分なりの目標を実現するためのステップアップとしての転職であることを前面に押し出すことです。

　ここに挙げたのはあくまでも参考例ですので、それぞれご自分の事情や転職理由に沿って、第三者である採用担当者が納得できるような説明や回答の仕方を工夫してください。退職理由は志望動機の裏返しとも言えます。これから応募する新しい職場や仕事に何を望むのかを整理し、その希望を満たすための転職であると考え、より前向きに退職理由を捉えていただきたいと思います。

転職活動に有効なチャネル

 平日に活動できない人は

　『発達障害の人の就活ノート』(弘文堂，2010)では、障害者雇用枠での就職活動のガイドブックとして、障害者専門の人材紹介会社への登録の仕方や上手な利用方法、ハローワークを利用した求人情報の探し方を紹介しました。転職活動においてもこれらのチャネルは有効ですが、就業中の場合、平日は自由に活動することができないため、より戦略的かつ効率的に活動を進める必要があります。

　就業中の人の中には、職場環境により有給休暇を取りにくい／残っていない／まだ付与されていない等の理由で、転職活動自体が制限されることがあります。その場合は、人材紹介会社を利用するのが便利です。人材紹介会社を利用するメリットは、必要情報を登録し、希望条件さえ伝えておけば、条件を満たす求人が出たとき、メールなど希望の方法で知らせてもらえることです。ただし、自分にとって役立つ人材紹介会社を選ぶことが大切ですし、誰もがうまく使いこなせるとはかぎりません。

 発達障害のある人に役立つ人材紹介会社とは

　ある転職活動経験者によれば、複数の障害者専門の人材紹介会社に登録したそうですが、実際に求人を紹介されたのは登録した会社数の半分以下であったそうです。紹介企業数は、人材紹介会社のキャリアアドバイザーや営業担当者が発達障害に詳しいかどうかが影響します。

キャリアアドバイザーは求職者との面談で、これまでの職務経験を尋ねるほか、特性や欲しい配慮について確認します。きめ細やかなヒアリングにより、慎重にジョブマッチングを行います。応募者の希望条件と職場の環境調整の両方の条件が合致すれば、安心してエントリーすることができます。また、人材紹介会社の営業担当は、求職者の特性と欲しい配慮に関して丁寧にクライアントに説明し、職務経験をPRすることで、新たな職域開拓も可能にします。つまり、人材紹介会社の担当者の発達障害についての知識と経験の差により、発達障害の人を対象とする求人数に差が出てくることになります。

人材紹介会社をうまく使いこなせる人

　人材紹介会社に登録して求人企業を紹介してもらうには、就労経験のある人の方が有利とされています。求職者は人材紹介会社を無料で利用できますが、企業が人材紹介会社を利用する場合には、成功報酬制で手数料が発生するため、企業は即戦力を希望します。一般に新卒（中学～大学）3年以内の離職率は3～5割（p.7）と言われており、離職率の高い新卒を人材紹介会社経由で採用することはリスクが高く、新卒者、未経験者は選考対象になりにくいのです。

　人材紹介会社に依頼される障害者雇用枠の求人は、経理業務経験5年以上、パソコンスキル上級など非常に高いレベルの業務能力を求められることが多く、事務経験のない人は求人企業とのマッチングが難しくなります。人材紹介会社への登録は誰でもできますが、登録したからといってすべての人に求人企業が紹介されるわけではありません。従って、就労経験の少ない人は、人材紹介会社に過度の期待をせず、ハローワークなどを中心に独自に活動するのが得策です（p.112）。

転職支援サービス

　障害者専門の人材紹介会社が提供する転職支援サービスでは、登録した求職者は希望する求人企業に直接エントリーすることができます。下手な鉄砲も数撃ちゃあたるということわざがありますが、あまり数多くの企業にエントリーするのはお勧めできません。なぜなら、障害者採用の求人を出している企業のすべてが発達障害について十分な理解があるとは言えないからです。発達障害について理解があり、採用の対象として対応しようと考える企業は、著者の感覚値ではまだ1割に到達していないように思われます。今後は、行政による支援の拡充や法整備により、採用予定数が急激に伸びることも予想されるものの、現在の時点で発達障害のある人が、人材紹介会社の転職支援サービス（直接エントリー）を利用するのはとても効率が悪いと思われます。

● 人材紹介会社の利用例

　Aさんは障害者雇用枠で就業を開始しましたが、採用の際に聞いていた話とは異なり、実際には仕事量が極端に少なく、時間を持て余すような状況でした。そのため、就業しながら転職活動を行うことを決意しました。しかし、休みを取る人の少ない職場でしたので、転職活動のために有給休暇を申請することに躊躇がありました。そのため、人材紹介会社には就業時間終了後に活動ができるよう、登録時にお願いしました。
　求人企業の紹介はメールで連絡が入りますが、面接等の選考段階に進んだ場合、度重なる面接には対応しづらいため、条件に合う求人をすべて紹介してもらう必要はないと伝え、正社員など条件の良い求人だけを案内してもらうことにしました。折しも正社員採用の求人案内があり、Aさんは応募することを決めました。

一般的な採用のスキームにおいては、書類選考の後の一次面接では、人事担当者との面接を実施したうえで配属先が検討され、二次面接は配属先の管理職との面接になります。Aさんは首尾よく書類選考を通過し、人材紹介会社経由で一次面接の案内がありました。紹介会社の担当コンサルタントは就業中のAさんの都合に合わせ、面接の日程を調整してくれました。一次面接通過後、二次面接も同様にAさんの都合に合わせて日程が設定されました。エントリーから内定の連絡をもらうまで1ヶ月半かかりましたが、Aさんの場合、この1社に絞っての転職活動だったため、就業中の業務にかかる負担は少なく、最少の活動量で最良の結果を得ることができました。

ハローワーク就職面接会

　毎年2月、6月になると、東京都内のハローワークが主催する障害者就職面接会が開催され、約300社の求人企業が参加します。秋にはハローワークのブロック毎の面接会（50～60社単位）が開催され、神奈川県、埼玉県でもエリア毎に面接会が予定されています。
　就業中の人はこの日に休暇を取得し、参加することができれば、効率よく目当ての企業と面談することができます。しかし、自身が就業中の企業も面接会に参加しないとも限りません。会場で就業先の人事担当者と顔を合わせてしまうと、転職を考えていることが公になってしまいます。気まずい思いをしないよう事前にチェックするようにしましょう。

● 事前の準備
【事前の参加申込】
　当日に参加申込もできますが、東京（中央会場）の面接会は非常に混

雑します。効率的に面談を進めるためにも、事前に参加申込をしておいたほうがよいでしょう。ハローワークへの登録と就職面接会への参加申込の両方が必要です。

【応募企業の検討】
　開催の3週間ほど前にハローワーク窓口で『障害者就職面接会求人一覧』が配布されます。この一覧で応募企業を検討するのが一般的です。現在は、労働局のWebサイトにこれらの求人情報が掲載されるようになりましたので、インターネットを利用する人は窓口に行って『障害者就職面接会求人一覧』をもらわずとも、求人内容を確認することができます。冊子からでもインターネットからでも、『障害者就職面接会求人一覧』を手に入れたら、その中から応募する求人企業を検討します。

【優先順位をつける】
　就職面接会の開催時間は3時間です。参加者が多く、混雑することから、面談できるのは5〜6社と考えるのがよいでしょう。
　応募する企業が決まったら、優先順位をつけ、当日の面接ブースの座席表（『障害者就職面接会求人一覧』の裏面に記載）も参考にします。当日は非常に混み合うため、お目当ての企業の面接番号札を取る順番を考えておきます。番号札の順番に面接しますので、早く面接してもらったほうが時間を十分にとってもらえますし、落ち着いて話すことで良い印象を残しやすいと思います。面接官も大勢と面接を続けているうちに疲れてきますので、志望度の高い企業では10番以内の面接番号札を取りたいところです。面接会では長い列のできている企業もあれば、誰も並んでいない企業もあります。混んでいる場合は、そのまま並んで待つかの見極めが重要です。

【書類の準備】

　履歴書、職務経歴書、精神障害者保健福祉手帳のコピーを用意します。応募企業との面接が済んだ後、余裕があれば他の企業と面談し、話を聞いてみるのもよいでしょう。そのために、予備の書類を用意しておきましょう。会場にはコピー機が設置されていますので、手持ちの書類が少なくなったらコピーを取ることができます。

【当日の手続き】

　会場のハローワーク（申し込みをした窓口）の受付で名札と就職面接会出席表（応募結果表）を受け取ります。手続きの後、応募企業の面接ブース前に移動し、面接番号札を取り、開始の合図を待ちます。その後の流れは『発達障害の人の就活ノート』（2010）で紹介しています。

民間の就職面接会

　東京、大阪などの主要都市では民間の就職面接会が月に1〜2回程度開催されています。週末に開催されますので、就業中の方も参加しやすいと思います。募集は新卒・中途と掲示されていますが、特に春の時期は新卒学生を対象に参加する求人企業が多い特徴があります。参加する企業が大手企業ばかりということもあり、採用基準は高いでしょう。応募したい企業は多くはないかもしれませんが、それでも採用担当者からゆっくり話を聞くことができる貴重なチャンスです。臆することなくチャレンジしてみていただきたいと思います。

　また、最近では障害者専門の人材紹介会社の企画による、もう少し規模の小さい交流会なども開催されているようですから、いろいろな機会に足を運ぶようにしましょう。

5年ルール

　2015年11月、厚生労働省が発表した「就業形態の多様化に関する総合実態調査」ではパートや派遣など、いわゆる「非正規社員」が占める割合が、初めて全体の40%に達しました。1990年の20%（総務省「労働力調査」）から、25年間で倍増しています。一方で、定年退職者の再雇用者の割合は、前回調査（2010年）の15.3％から17.5％に増加し、定年前に関係会社やグループ会社に移るケースなどを考慮すると、パートタイム労働者としてカウントされている可能性もあります。
　障害者雇用枠で働く障害者の多くが契約社員であり、彼らにとって契約が更新されるかどうかは大きな不安要素です。2015年4月に施行された改正労働契約法では、有期労働契約が繰り返し更新され、5年を超えたときには労働者の申し込みにより、期間の定めのない労働契約に変換することが可能になりました。この通称「5年ルール」の申し込みができるのは、法が施行された2013年4月以降に成立した労働契約からですので、実際には2018年4月1日以降となります。しかし、会社が契約更新の上限を5年以内に定めてしまえば、5年ルールの権利が発生する前に雇用関係が切れてしまいます。今後、こうした「雇い止め」の事例が出ないとも限りません。このルールが施行されてから、障害者雇用枠の求人票でも、契約更新に上限のある有期契約をちらほら見かけるようになりました。また、契約期間も1年以内ばかりか、契約更新の上限が3回までと定められている企業もあります。障害者雇用枠の求人の増加は好ましいことですが、今後は安心して雇用を継続するためにも今まで以上に雇用形態や契約内容に注視していく必要があります。

転職の決断

一般的に退職を考える理由は大きく分けて人間関係、待遇、仕事内容の3つが挙げられます。発達障害のある人の場合、人間関係に問題を抱えた際、トラブルへの対処方法を持たないことから、退職につながりやすいと言えるかもしれません。

● **人間関係**

社風も大きく影響するとは思いますが、上司との人間関係の悪化で悩む人は少なくありません。上司と価値観が異なる、ミスをすると叱責されるなど、辛い思いをしている人もいます。その他にも、同僚から村八分にされる、管理職になったところ部下が勝手なことばかり言い出し、マネジメントで苦労する、などのケースがあります。

● **待遇**

待遇とは入社時の給与、その他福利厚生等を言います。同僚より給料が安い、成果をあげているのに賞与が少ない、人一倍頑張ったつもりなのに評価が低い、などがあります。障害者雇用枠で就業した人の中には、他の社員と比べて評価が低いと悩む人もいます。障害者雇用枠では、賃金の水準が低めに設定されている企業も少なくありません。

● **仕事内容**

障害者雇用の難しさは、いかに仕事を用意するか、職域開拓が鍵とも言われています。発達障害のある人は能力のアンバランスが大きいことが知られていますが、一部には非常に高い能力を持つ人もいます。もっと難しい仕事ができるのにチャレンジさせてくれないと感じる人もいるでしょう。

転職すべきか否か

　前述の3つの理由からBさんは転職活動を開始し、某企業から内定をもらうことができました。正社員で内定を貰い、喜んでいたのもつかの間、待遇に関しては現在の年収を若干下回ることがわかりました。内定の連絡をもらったものの、果たして受諾すべきか否か悩みに悩むことになりました。いろいろな人に相談して、さまざまな意見を参考に、特にBさんのやりたい仕事の難易度、少なくとも現在と同等あるいは難易度が高くなっていること、将来的にキャリアアップを図れると思われることから、内定を受諾する結論を出しました。Bさんに限らず、転職の岐路に立ち、決断できずに思い悩む人は少なくありません。この状態から脱するポイントは、自分一人で考えて、頭の中で堂々巡りをするのではなく、書き出したり、人に話すことで、状況を俯瞰することです。次のような Spread Sheet を使ってみるとよいかもしれません。

図3　自己分析シート

転職の岐路に立った時の自己分析法

・入社の決断のための Spread Sheet（会社ごとに1枚作成）

良い点	会社A	悪い点
社風		社風
仕事内容		仕事内容
待遇		待遇

発達障害と障害者虐待防止法

弁護士 髙島章光

　みなさんは、「法律」という言葉を聞いたとき、何をイメージしますか？「守らなければいけないもの」「違反したら罰せられる」「裁判」などでしょうか？ テレビドラマやゲームを連想する方もいらっしゃるかもしれませんね。日本には、山のようにたくさんの法律があります。一つひとつの法律が、それぞれの役割を持っていて、その全部を一度に理解することはできませんが、本コラムでは、発達障害のある人とも関連の深い、障害者虐待防止法という法律について興味を持っていただきたいと思います。

◎ 法律を知ることの意味──法律って、就活と関係あるの？

　「法律を知っている」ことを採用担当者にアピールすることは、就活をするうえで有利になるのでしょうか？ 志望企業の事業経営に必要な法律の知識を持っているなら、プラスのアピール材料になることもあると思います。例えば、飲食業界であれば食品衛生法、建設業界であれば建設業法の知識などです。

　しかし、そうでない場合には、「法律を知っている」ことのアピールは就活にとってあまり有利なことではなく、やり方を間違えれば、むしろ不利な材料になることすらあり得ます。なぜなら、実社会は、人と人との交流・信頼関係が最初にあって、これらの人間関係の積み重ねによって成り立っており、採用担当者はそのことをよく知っています。法律は、何らかのトラブルに対して人間関係で解決できない場合のルールや、企業が事業活動をするうえで守らなければならない

ルールを決めていることも多いので、その知識をへたにアピールすることで、逆に、「信頼関係・人間関係を構築することが苦手な人、またはこれを優先しない人」と評価されてしまうからです。

では、法律を知ることは、就活をするうえで必要のないことなのでしょうか？　もちろん、そんなことはありません。

◎ 法律知識の使い方

すでにお話ししましたが、法律は、人間関係で解決できない場合のトラブル回避のためのルールや、企業が事業活動をするうえで守らなければならないルールを決めています。特に、発達障害のある人との関係が深いものとしては、障害者基本法、発達障害者支援法、障害者雇用促進法、障害者差別解消法、障害者虐待防止法などのさまざまな法律があります。これらの法律は、障害者雇用における企業の採用段階や障害者を雇用した後の雇用契約関係の運用の段階その他、障害者の「就労や日常」をとりまくさまざまな場面で、企業等が守らなければならないルールを定めています。

その内容を知識として得ることにより、①発達障害のある人の雇用促進のために有益な制度の有無を知ることができたり、②就職希望先の企業側の障害者福祉制度への理解・普及の度合いを自分の目で確かめることができるようになったり、③実際の社会生活や就職先で困ったことが起きたときに、どんな考え方をすれば法律に沿うのか、どこに相談をすればよいのか、相談することができるのか等を知ることができるメリットがあるのです。

法律の知識は、誰かにアピールするものではなく、自分の理想とする就職を実現し、実社会生活の中で問題に直面したとき、解決の道標となるものと考えて差支えないと思います。

◎ 障害者虐待防止法の内容について

　障害者虐待防止法は、その名の通り"障害者に対する虐待を禁止する法律"です。「虐待」とは何かを分類し、「障害者虐待」の予防、早期発見、現実に「障害者虐待」が発生したときの国および地方公共団体の責務や対応の指針等を定めています。

　本コラムでは、障害者虐待防止法のうち、障害者を雇用する事業主すなわち「使用者」との関係における虐待の防止について解説します。

（１）「障害者」の定義

　障害者虐待防止法の「障害者」には、発達障害のある人も当然含まれます。障害者手帳の交付の有無は問いません。

（２）「虐待」の分類

　法律は、「虐待」を下記の通り分類しています。いずれも刑法犯罪になる可能性もある行為です。

表　障害者虐待防止法における虐待の分類

身体的虐待	障害者の体に傷を負わせたり、負わせかねない暴行を加えたり、身体を拘束したりすること。
性的虐待	障害者にわいせつな行為をしたり、わいせつな行為をさせたりすること。
心理的虐待	障害者に酷い暴言を浴びせたり、無視したり強く拒絶したり、差別的発言をしたりすること。
ネグレクト	障害者の食事を著しく制限したり、何も指示せず長時間放置したり、会社の他の従業員がやっている障害者虐待を放置すること。
経済的虐待	障害者に給料を支払わなかったり、不当に賃金を安くしたり、障害者から金品を要求したりすること。

（３）「障害者虐待」の通報窓口

　全国の市町村に、市町村障害者虐待防止センターが設置され、都道

府県に都道府県障害者権利擁護センターが設置されています（具体的な連絡先は、各市町村・都道府県のWebサイトなどで確認できます）。

使用者が障害者を虐待している場合や、虐待をしているおそれがある場合、当事者やそれを発見した人が上記行政窓口に通報することが義務づけられています。この通報を理由に、使用者が障害者を解雇したり、不利益な取り扱いをすることは許されません。

（4）通報後の行政の対応

通報を受けた行政機関は、虐待通報を受けた案件に関して、現実に「虐待」が行われているのか、事実調査を開始します。調査は、当事者からのヒアリングや、行政担当者が雇用企業に対して行う訪問調査などの方法で行われます。虐待により、障害者の生命や身体に重大な危険が生じているおそれがある場合には、必要に応じて警察等へ援助要請を行い、立入調査を行うことができます。

都道府県は、虐待通報案件に関して、その使用者と障害者の雇用関係を管轄する労働局に報告し、場合に応じ、労働基準監督署やハローワークが労働基準法や障害者雇用促進法に定める監督権限を行使し、虐待を行った使用者・企業に対して適宜処分を実施します。処分が実施された場合、当該処分を受けた使用者は、その内容が公表されます。

◎ 発達障害との関係における障害者虐待防止法の運用のポイント

就労にあたって、発達障害があることを労使間で情報共有し、お互いが障害者虐待防止法の内容を意識できれば、その職場では、障害者虐待が起きないようにと意識しながら、良好な人間関係を築いていくことが期待できます。ところが、発達障害には、さまざまな症例が含まれ、その特性は人によって異なりますし、発達障害であることを公表せず、一般就労で活躍する方も多くいらっしゃいます。このような場合には、使用者側が、障害者虐待であることを認識しないまま、結

果として障害者虐待と評価される行為が行われてしまうことがあり得ます。また、発達障害のある当事者自身も、障害を公表していないのに、通報制度を利用してよいのかと迷われるかもしれません。

障害者虐待防止法で禁止される「虐待」は、障害者に対する行為だから禁止されている、というものではありません。障害者虐待防止法の「虐待」行為は、それが定型発達の人に対して行われる行為であっても、傷害罪やパワーハラスメント、セクシャルハラスメントなど、他の法律にも同時に違反する行為です。そのため、使用者すなわち雇用側としては、従業員が発達障害を持っているか否かにかかわらず、障害者虐待防止法で定められる「虐待」が社内で行われることがないように、研修等を通じて注意喚起することが大切です。

一方、発達障害のある人であれば、その障害を使用者に公表していると否とを問わず、障害者虐待防止法の制度を利用することが可能です。虐待を受けている場合には、躊躇なく通報制度を利用してください。

◎ 最後に

本コラムでは、障害者虐待防止法をテーマとして取り上げましたが、障害者虐待が行われるような企業は、企業の中でも一部であり、多くの企業は、従業員との良好な関係を築くことを目標とし、求人活動を行っています。

障害者権利条約では、その前文において、「障害者が地域社会における全般的な福祉及び多様性に対して既に貴重な貢献をしており、又は貴重な貢献をし得ることを認め、」「障害者による」（社会への）「完全な参加を促進することにより、その帰属意識が高められ」「社会の人的、社会的及び経済的開発並びに貧困の撲滅に大きな前進がもたらされる」という価値観が示されており、日本もその条約に批准しています。

冒頭でもお話ししましたが、実社会は、人と人との交流・信頼関係が最初にあって、これらの人間関係の積み重ねによって成り立っています。労使のどちらの立場であろうとも、障害者権利条約の上記の価値観を共有し、発達障害の特性への理解も含めてお互いの立場を尊重し、相互努力をすることが何よりも大切であると考えます。それを実現することが、良好な雇用関係を生み出すことにつながり、結果として、法律で禁止されているような虐待の発生や、法律をもって解決をしなければならないような揉め事を未然に防止することにつながるのです。

第5章

転職活動の実践とその事例

転職活動の実例

　ここでは転職活動の実践モデルとして、転職活動に至るまでの経緯、そして活動を経て、転職できるまでの流れをいくつかの事例とともに解説します。

　基本的には、新卒学生の就職活動と重なる部分が多くあります。しかし、転職の際は、一度は社会に出て働いた経験があり、社会・組織の仕組み、そこで働く人の言動を少しは見聞きしているということで、学生生活以外のことはほとんど知らない新卒時の就職活動と比較すると、少し違った視点を持てるのではないかと思います。

　次頁からは、著者がこれまで就活相談などで関わってきた多くの当事者の転職活動を基本に、いくつかの事例を紹介します。それぞれの当事者が置かれた環境や事情は異なるため、必ずしも同じような活動をすればよいというわけではありません。個人によって活動の仕方が異なることを知っておいてください。

　また、本人の希望通りに転職できた事例だけでなく、今も転職活動真っただ中にある事例、転職はしたものの、再び離職し、再度就職活動中の事例など、さまざまなケースを載せています。さらに、就業中の転職活動だけでなく、離職後に活動する場合にも触れています。そして、転職後の当事者の様子も書き添えました。

　成功事例だけを参考にするのではなく、失敗事例の中にも学ぶべき点があります。誰の、どんな事例が自身の参考になるのかを考えながら、転職活動に活かして欲しいと思います。

30代女性Aさんの場合
（ADHD、専門学校卒）

> 飲食業（接客）【パート】→アパレル（販売）【契約】→事務補助【派遣】→大手メーカー関連会社（人事事務）【正社員】

人と関わる仕事に就く

　Aさんは学生時代までは学業も人間関係も、特に支障なく普通に生活を送っていました。ただ、少し突拍子もない行動をするときがあるため、周囲から個性的な人として見られていました。商業系の専門学校を卒業しましたが、あまり就職に関心がなく、学校経由の求人で飲食店での接客販売のパート職に就きました。

　客とのやり取りでは、何の問題もないように見られましたが、複数人から注文を受けたり、案内と会計を同時に処理しようとしたりすると、注文を忘れたり、釣銭を間違えたり、ミスを重ねることが頻繁に見受けられました。うまく仕事がこなせないことで自己嫌悪に駆られ、1年程勤めたのち離職に至りました。

　その後、人とコミュニケーションを取ることは楽しく感じていたこともあり、人と関わる仕事を希望していました。求人雑誌やWebサイト、チラシなどで職探しを行い、個人運営のアパレル店舗にて接客販売の職に就くことができました。飲食業のように、時間帯によっては多忙を極めるようなこともなく、ほとんど1対1での接客だったため、目の前の仕事に専念することができました。親切で丁寧な対応に徹したことが効を奏し、販売成績も全従業員の中で上位に入ることもありました。

しかし、接客に加え、事務処理や在庫管理が伴うようになると、ミスが目立ち、オーナーから叱責を受けることも増えるようになりました。何とか努力して改善しようとするも、どうしたらいいものか煮詰まり、落ち込むことが多くなりました。販売の仕事は気に入っていたのですが、ミスを挽回することができず、また同僚から嫌がらせを受けることもあり、不愉快な思いをする日々が続きました。そのうち、職場で孤立するようになってしまい、いづらくなり退職することにしました。

　退職後、自分の不甲斐なさを攻め、軽いうつ状態に陥っていたところ、発達障害という言葉を耳にし、調べているうちに自分の状況によく当てはまることに気づき、医療機関で診察を受けることになりました。そこで、ようやく発達障害であること、ADHD（注意欠如・多動性障害）であると診断され、これまで悩まされていたことの原因が判明しました。

素直な障害受容で自己評価

　Aさんにとっては、自分の身に起きるトラブルの要因がはっきりしたことで納得し、障害については抵抗なく素直に受容できたようです。その後、障害者職業センターにて職業適性診断を受けるなどして、一般求人枠ではなく、周囲に障害を開示して働く障害者雇用枠で事務系の仕事への就職を目指すことにしました。

　しかし、これまで事務職の経験がなかったことから、まずはパソコン操作を覚え、資格取得に励み、次に事務補助のパート勤務や派遣就労を始めることにしました。ここでは障害を伏せたままでの就労でしたが、トラブルに直面したときは支援者と相談しながら課題を理解し、対処方法やその限界を学ぶ機会となりました。

　その後、障害者雇用枠で事務職を目指し、本格的に就職活動をスター

トさせます。就職活動の準備として、障害特性を持つ自分の状況、特性への具体的な対処方法、それも自分でできることと職場に配慮をお願いすることを整理しました。

障害をオープンにすることで、相手がどのように感じるか、人事担当者に採用してよかったと思われるにはどうするべきか、考えた末の準備でした。ただ、発達障害の人は相手の立場や視点を図りにくいという特性があり、的外れとなることもあります。Aさんも自分一人で判断せず、さまざまな人に自分の見立て・評価を尋ねてまわったそうです。

これらの準備を経て、いくつかの採用選考に臨んだところ、ある障害者合同面接会で、大手メーカーの関連会社に就職することができました。後にわかったことですが、採用するうえで有利に働いたポイントは、一般就労での職業経験を持っていたことです。組織の一員としての就労経験があれば、新たな職場・仕事であってもスムーズに慣れていけるだろうと考えられたようです。さらに、事務職未経験者として自分の力量を正しく見極め、パート勤務や派遣就労で足りぬ所を補おうと努力をしたことも採用に当たって評価されたポイントでした。

定着のポイントは相互理解

大手メーカー関連会社に障害者雇用枠で入社後、Aさんは人事部に配属され、従業員情報を一手に管理することが最初の担当業務となりました。障害についてある程度の配慮はあるものの、それが部分的だったり的外れだったりと、思い描いていた指導とは異なる一面もありました。どう振る舞えばよいのか思い悩み、余計な不安から上司を質問攻めにし、逆に叱責を受けることもありました。

職場側の特性理解の未熟さも原因ですが、周囲がAさんに振り回さ

れ、一時重大な課題と見なされる時期もあったようです。その後も、仕事内容や配慮の仕方について、変更が何度も繰り返され、落ち着くまでに時間がかかってしまったとのことです。当人も職場も、負担を強いられる結果となりました。就労の定着には、職場と当事者、双方の相互理解が重要ということです。

✓ 考察──自分を知ることが決め手

　Aさんが短い期間で転職できた理由として、素直に障害受容ができたこと、それにより自分に足りないスキルや能力を冷静に見抜き、補うための努力をしたことが挙げられます。支援に頼ることなく、ほぼ自力で転職に成功した、障害者雇用では非常に稀なケースと言えます。社会経験を有していたことも利点にはなりますが、それ以上に障害を正直に捉え、何をアピールしたらよいかよく理解していたこと、良いことも悪いことも合わせて周囲からの評価を真摯に受け止めたことが就職に結びついたものと考えられます。

　この事例では、職場側に障害者雇用への十分な体制が整っておらず、支援も曖昧になったことから、入社後にさまざまなトラブルが発生するに至りました。障害者雇用枠での採用だからといっても、実際の所は障害特性について理解していない、勘違いしている職場や人が多くいることも気に留めておかなければなりません。

　社会に出ると、想定外の事態に遭遇することも少なくありません。予期せぬことや思い通りにならないこともよく起こり得るものと承知し、不安や動揺を抑制するために一緒に考えてもらえる相談・確認先となる窓口や支援者を確保しておくことも、自分を守る方法になると覚えておきましょう。

20代男性Bさんの場合
(アスペルガー症候群、高卒)

清掃業（清掃スタッフ）【契約】→特例子会社（印刷補助）【契約】
→就労訓練利用

🦖 知的ボーダーライン

　Bさんは、知的障害と認定されるほどではないものの、知能レベルはボーダーラインに近い範囲に位置することは幼少期より判明していました。両親は、定型発達の人たちと一緒に育って欲しいという思いから、特段の支援は求めませんでした。ただ、成人後の生活における危うさも考慮し、児童養護・障害者支援の窓口とはつながりをもつようにしていました。

　Bさんはその場の感情や興味に捕らわれやすいため落ち着きがなく、意表を突く頑固さが出たりもします。学年が上がるにつれ、学力に遅れが目立つようになりましたが、何とか高校を卒業するレベルまで辿りつくことができました。本人も自分の学力が周囲と比較して劣っていることを理解しており、卒業後は進学よりも就職を希望しました。

🦖 理解ある環境での就業

　Bさんは高校を卒業後、学校経由の斡旋で地域の中堅清掃会社に一般社員として勤めることになりました。そこでの仕事は、数名のチーム編成で、クライアントであるビル等建物や車両の清掃に当たることでした。

チームリーダが面倒見のよい人物で、障害をもつ人の面倒を見た経験もあったことから、障害者手帳を持たないBさんに対しても、当人の様子から状況を察して目線を合わせるように接したり、辛抱強く仕事を教えることでメンバーの一員として育成してくれました。その後、5年ほど就労を継続していましたが、残念なことに会社自体が倒産し、社員は全員解雇、Bさんは職を失ってしまいました。

　そんななか、以前より支援機関の担当者から発達障害を懸念されていたこともあり、これを機に医療機関を受診したところ、アスペルガー症候群と診断されました。

障害者雇用枠の落とし穴

　診断後、就職活動への取り組み方がわからなかったBさんは、障害者生活・就労支援センターで求人情報の相談をするなどして就職活動の準備を始めました。程なくして、ハローワークで特例子会社の求人を見つけ、支援員の後押しもあったことから応募を決めました。

　この特例子会社は設立してまだ日も浅く、従業員も十数名ほど、事業内容は関連グループ企業からの印刷業務、メール集配、事務軽作業などの請負い業務がその大半です。採用面接では、Bさんの受け答えには何の支障もなく、前職でも一定期間の勤め上げた就労経験を持つことから、採用に至りました。Bさんは梱包、印刷加工、検数などを担当することになりましたが、物覚えも段取りも悪く、作業が立て込んでくると、ミスも増えるようになりました。ひどいときにはパニックになり癇癪を起すこともあったようです。さらに、叱られても自分の気持ちをうまく言葉にできず、モヤモヤした気持ちを溜め込んでしまい、ストレス過多となっていきました。

足りない特性への理解

あるとき、Bさんは全く自覚のないことで叱責を受けてしまいました。何が起こったのかわからず混乱し、これを自分に対する理由なき攻撃と認識したBさんは、上司と取っ組み合いになり怪我をさせてしまいました。事後協議でも、お互いの意見や思いがかみ合わず、本人の粗暴さだけが責められることになり、この職場に居続ければ今後も同じようなことは起こりうるし、これ以上我慢できないという理由で、自ら退職を決意しました。

このままではいけないと、その後Bさんは積極的に支援機関に通うようになります。その結果、就労移行支援事業所に通所することになりました。ただ、その段階においてもBさんは自身の障害特性を何とか改善したい、さらには「直したい」、「無くしたい」という思いを強く持ち、就労移行支援事業所を利用することでそれが叶うものと思い込んでいるところがありました。

事業所側もBさんの思いを汲み取り、訓練作業よりも他の利用者や支援員らとの対人関係の作り方、コミュニケーションの取り方、感情コントロールの方法についての支援に当たったようです。Bさんはどこまで効果があがっているのか自分でも図り切れず、再就職できたとしてもうまくいくのかどうか不安な気持ちを抱えながら、今も事業所に通所しています。

考察——雇用環境と特性認知のバランス

特例子会社は本来、障害者雇用を目的とする業態ですが、Bさんが在籍した企業の場合、発達障害のある人を受け入れる体制が十分に整って

いなかったことが就労を継続できなかった大きな一因と言えるでしょう。

　また、Ｂさんの場合は先のＡさんと異なり、特性を含めた自己認知が不十分な状態でした。当初、支援機関との関わりが部分的であったため、企業にどんな配慮を求めるべきなのかについても整理できていませんでした。さらに、就労移行支援事業所に通所すれば、特性が解消されると思い込んでいる所もあり、Ｂさん自身の障害に対する根本的な理解も進まず、このような姿勢は就労するうえでネックになる可能性があります。

　働くための準備が不十分であると就労がうまくいかないことは当然のことですが、特性の程度や、その自己認知の度合い、自己対処できているのかどうかなども就労をはじめ、社会参加ができるかどうかに大きく関わります。そして、障害者雇用に対する職場の受容能力も当事者の安定した就労に大きく影響することになります。Ｂさんの事例では、本人と職場の双方に障害特性に対する理解と配慮が欠けていました。

　このように障害者雇用が進むに合わせて、当事者と職場の双方において、障害理解・受容の低さや配慮の至らなさ、間違った振る舞いなどで、職場定着に結びつかないことが目立つようになりました。

　障害者雇用枠での就労を検討する場合、仕事や作業内容を重視したジョブマッチングだけではなく、双方の人的／物理的な環境など幅広い要素で総合的なマッチングができなければ職場への定着にはつながらないと言えます。

　Ｂさんが特例子会社を退職後、自分の特性を受け止めようと、就労移行支援事業所に通所するようになったことは特性理解のための大きな一歩です。現在、どの段階まで成長できているかはわかりませんが、事業所での訓練を通じて、支援者や他の利用者らとの関係の築き方、人とのコミュニケーションの取り方を学び、社会の中での振る舞いを身につけてもらえることを期待したいと思います。

40代男性Cさんの場合
(アスペルガー症候群、大卒)

大手商社（営業）【正社員】→社労士事務所（アシスタント）【契約】→独立開業希望

話し上手で熱血漢

　Cさんは子どもの頃から特にトラブルなく成長し、学業の成績もよく、話し上手で性格も明るく、クラスの人気者として学生時代を過ごしました。しかし、気になることがあれば途端に周囲が見えなくなることがありました。そんなCさんを熱血漢として捉える人もいましたが、一方で「わがまま」と思われることもあり、一部から嫌われるも本人が気づくことはありませんでした。
　その後、大学を卒業して大手機械商社の営業職として新卒採用されました。面接で上手に自己アピールできたことが決め手になったようです。

高いプレゼン力と行き詰まる営業

　大手機械商社に入社後、Cさんは国内企業向けの機械販売を行う部署に配属され、顧客対応に専念する毎日を送っていました。仕事の段取りやスケジュールはしっかり踏まえるので、計画や企画のプレゼンには定評がありましたが、顧客から突拍子もないことを聞かれたり話が横道に逸れるなど、想定外の展開が起こるとパニック状態に陥ってしまいます。さらに、タフなネゴシエーションの場面になると、怖気づいて何も

言えなくなってしまうのです。そうかと思えば、熱っぽく意見を押し通そうとすることもあり、取引先の担当者と衝突しそうになる場面も何度かありました。さらに、重要な契約条件をいきなり忘れてしまうようなミスも度々引き起こしてしまいました。

　Ｃさんも自身が苦手とする業務があることに気づき、何とか克服しようと意識したり、人知れず準備や対処策に苦慮したりするものの、好転する気配がなく、結果として実績を挙げることができずにいました。そのうちに、「この仕事に向いていないのでは」「組織や職場に合っていないのでは」と考え、自分のペースで仕事を進めることができたらと思うようになりました。そんななか、自己啓発の一環として資格取得を思い立ち、社会保険労務士の資格取得を目指しました。うっすらとですが、行く行くは独立をとも考えていたようです。

士業への道

　一般的に、働きながら難関資格の取得を目指すことは相当困難なことですが、Ｃさんは元々学習能力が高かったこともあり、初めての受験で難なく合格することができました。これをきっかけに、思い切って転職しようと会社に退職を申し出ました。そして、資格取得のために通った専門学校に寄せられた求人の中から、個人運営の社労士事務所に応募を決め、そのまま採用されることになりました。企業で働きながら資格取得を実現させたこと、持ち前のコミュニケーション能力から、即戦力になると見込まれ、採用に至ったケースだと考えられます。

　入所を決めた社労士事務所は地域一円の企業を顧客として多く抱えながら、数名の職員で業務をカバーしていたため、業務量も多く、Ｃさんは雑用も含めたさまざまな仕事を任されることになりました。そのた

め、マンツーマンの指導などは期待できず、「仕事は背中を見て覚える」という雰囲気がありました。しかし、Cさんはいつまで経っても自分に何を求められているのかわからず、右往左往する毎日の連続で、オーナーから叱責されることもたびたびありました。

　ある公開行事でCさんが受付窓口を担当した際、行事責任者からは懇切丁寧な対応を指示されたため、そのように対応したのですが現場管理者からは、丁寧だとキリがないから手早く効率的に処理するように厳しく注意されてしまいました。Cさんはどうすればいいのかわからず、パニック状態に陥りました。

診断を受けて

　このような状況が続き、Cさんは徐々に精神的にも滅入ってしまうようになりました。仕事がこなせない自分に対する自己嫌悪・劣等感からうつ状態になり、医療機関の受診にいたります。その結果、ADHD傾向のあるアスペルガー症候群であることがわかりました。

　これをきっかけに、事務所を辞めることにしました。しかし、このまま開業しても、すぐに顧客はつくわけではないので、知り合いの社労士の仕事を手伝ったり、小さな仕事を回してもらったりしていました。その間、今後の仕事や障害特性について不安に思うこともあり、さまざまな支援機関に相談して回りました。そのうちに、今はじっくり自分を見つめ直す機会だと考えるようになり、特性の自己理解を深め、焦らず進路を見つけていこうと決心しました。場合によっては、障害理解のある企業への就職を目指すという大きな軌道修正も選択肢の一つとして考えられるのでは、と思うようになっていきました。

考察——個人事業の利点と難しさ

　発達障害のある人の中には、職場での集団関係や対人関係の行き詰まりから辞職してしまう人が少なくありません。そのため、人との関わりを極力避けたかたちでの就労スタイルや仕事を探す当事者をよく見かけます。確かに、個人で事業を起こすことも一つの方法ではありますが、人との関わりやつながりをすべて遮断することはできません。個人で開業する場合、上司や同僚の存在がない代わりに、自分自身が顧客と直接交渉しなければなりません。また、顧客獲得のためには自分で営業活動を行う必要もあります。ホームページを開設したからと言っても、それだけで経営が成り立つほどの集客ができるかというと、そう簡単なことではありません。

　営業活動をはじめ、対面での交渉・商談等、個人事業主の仕事にはコミュニケーション能力が問われる場面が多々あります。また、自分のペースが基本になりますので、雑用や苦手・不得意な作業を含め、すべての判断が自身に委ねられています。実際に事業を行ってみて、思い描いていた姿と実際の個人事業主の姿とが大きく乖離していることに閉口する人もいるかもしれません。

　ここまで言うと、発達障害のある人が個人事業主として開業する可能性はないものと思われてしまうかもしれませんが、現実には士業をはじめとして個人事業を営み、順調な経営を維持している当事者もいらっしゃいます。必要なことは「計画と実践は違うもの、思い描いた通りにはならないのが現実」という前提を念頭に置くことです。場合によっては、大きな負担を背負う前に潔く身を引く覚悟も必要です。支援機関への相談もさることながら、身近にいる個人事業者や士業の先輩方に事業運営の厳しさをよく聞いたうえで行動にうつすようにしましょう。

30代女性Dさんの場合
（広汎性発達障害、短大卒）

電機メーカー（営業事務）【正社員】→特例子会社（事務補助）【契約→正社員登用】

 おとなしく無口な性格

　Dさんは発語が遅く、子どもの頃から引っ込み思案で何事も自分から進んで活動するタイプではありませんでした。コミュニケーションが取れないわけではありませんでしたが、自分の思いをうまく表現できないところがあります。Dさんもそんな自分の性格を自覚していましたが、周囲には取っ付きにくく感じさせていたようです。学童期には多少いじめられたりもしましたが、学生期には友人もでき、その後は何事もなく過ごし、無事短大を卒業しました。そして、新卒で電機メーカーの営業事務職として採用されました。

 職場で働くことの厳しさ

　のんびりとした学生時代とは打って変わって、入社後は社会人としてどのように振る舞うべきなのかわからず、Dさんは職場の雰囲気に違和感を持っていたそうです。営業部門に配属されてからは、上司からの指示以外にも他の営業部員からの依頼が突発的に入り、次々に引き受けてしまい飽和状態にまでなる始末。自分から断ることもできず、新入社員の役割と称して割り当てられるさまざまな庶務的業務もうまくこなせ

ず、先輩社員から小言を言われたり、うっかりミスや締切を守れずに上司からは叱責を受けたりしていました。忙しい日々が続くにつれ、「自分は何もできないダメな人間だ」と自己嫌悪で落ち込むようになり、ストレスから不眠に陥り、とうとう休職を繰り返すようになりました。同僚との交流もほとんどなかったため、誰にも相談できずに自分の中に溜め込んでいくしかありませんでした。

　ようやく上司が事態の悪化に気づき、頻繁に面談をもったり、仕事量の調整に乗り出したりしましたが、Ｄさんがうまく自分の思いを伝えることができなかったこともあり、その後も状況は変わりませんでした。家族も心配し、これ以上働き続けることは無理と考え、上司や同僚が引き留めるのも聞き入れず、Ｄさんは退職を決意してしまいました。

自分のことをどこまで知ればいいのか？

　退職後、Ｄさんは心療内科に通院し、当初はうつ症状と診断されましたが、結果的には自閉症であることがわかりました。さまざまな仕事上の失敗や対人関係トラブルの原因がようやく判明しました。

　障害者手帳も取得し、これからは障害をオープンにしたありのままのスタンスで生活を送りたいと考えるようになりました。仕事についても特性を開示したうえで、配慮を受けて働きたいと思うようになり、ハローワーク専門援助窓口や障害者生活・就労支援センターでの相談を通じて、就労移行支援事業所を利用することにしました。

　就労移行支援事業所では、一般的な作業訓練やグループ活動がメインで、一般就労の経験のあるＤさんにとっては、簡単で物足りなさを感じる内容ではありました。そこで、実際の職場に近い環境で事務処理訓練を行う取り組みが行われました。訓練の中で障害特性の発見・認識を行

い、それによって引き起こされる課題が顕在化していきました。

　前職で鍛えられたこともあり、ある程度はテキパキと事務処理をこなすことができるDさんでしたが、作業が立て込んでくるとうまく回せなくなるのです。どのように整理すれば、Dさんにとってスッキリするのか、そして仕事を遂行することができるのか、支援者を交えて対処方法を考えました。この訓練を通して、コミュニケーションの困難さの要因となる言語表現の弱さの他に短期記憶、注意欠陥、多動性、実行機能などで障害特有の特性があることがわかりました。

支援の質も評価になる

　就労移行支援事業所での訓練の傍ら、Dさんは自分自身でハローワークに通い、求人情報を調べたりもしていました。その中で、事業所利用者を採用している特例子会社の求人に応募することにしました。

　支援事業所では、応募書類の制作から面接問答に至るまで入念に関わり、障害特性や欲しい配慮について自分の言葉で表現できるようになるまで練習を行いました。Dさんにとって、自分に実感のない特性を理解することは困難で、他者視点から見た自分の姿を切々と伝える練習が行われ、通常の訓練と合わせ選考対策も繰り返し実施されました。

　そして、書類選考、面接選考をクリアして、晴れて契約社員として入社することになりました。やはり、一般企業での就労経験や特性の緩やかさが高く評価されたようです。それに加え、これまでに採用した利用者への支援事業所の支援実績、支援そのものの細やかさも認められ、企業にとっては、当事者の就労定着への不安を払拭することができたことも、採用選考に影響している面もあるようです。結局、Dさんの就労移行支援事業所の利用期間は数ヶ月程度でした。

特例子会社に入社後、Ｄさんは総務事務での補助、アシスタント的な位置づけでの就労に従事することになりました。具体的には、従業員の勤怠管理、小口現金出納管理、購買申請管理などで、前職でもいくつか経験しているものもあり、部署的にも営業とは違い騒がしさや突発的な業務のない分、安心して働ける職場環境でした。もちろん、特性への対策・配慮も細やかに行われました。そして、働き出して３年目に正社員としての登用が決まりました。黙々と正確に仕事をこなす姿勢が評価されたようで、現在もその特例子会社で活躍されています。

考察──入社後の支援も選考のポイント

　Ｄさんも比較的短期間で転職ができた事例です。一般就労の経験や特性の緩やかさ、そして個人のもつ能力も高かったことは言うまでもありませんが、自分の思いを言葉にして発することができるかどうかは、当事者と受入側双方にとって大事なことで、相互理解のために不可欠なことと言えるでしょう。もともとはコミュニケーション力の弱いＤさんでしたが、転職活動にあたっては就労移行支援事業所の支援者とともに、膝をつきあわせ、自分自身についての整理を行えたことが選考結果に影響していたと思われます。
　入社後の支援は、当事者にとっても雇用者側にとっても心強いもので、どこまで入り込むか、または入り込めるかは職場によって異なりますが、双方の目の前でやってみせる支援は効果が大きいと言えます。当事者の努力や対策も大事なことでありますが、支援の質の高さや細やかな対応など、雇用者による支援者の評価が選考結果に加味されることもあるかと思われます。支援者がそこに気づき、当事者に合わせた質の高い支援を実施できるかどうかが、支援者としての価値につながります。

20代男性Eさんの場合
(広汎性発達障害、大学院卒)

中堅薬品メーカー（研究補助）【契約】→環境検査法人（研究補助）【契約】

 ## 就活の仕方がわからない

　Eさんは自身について、人とコミュニケーションをとることを大変苦手としていると自認していました。周囲からは、目を合わせようとせず、会話がたどたどしくて何を言っているのかよくわからない、終始おどおどしていると言われてきました。そのせいもあってか親しい友人は少なく、化学を専攻していたために専ら研究室にこもってひたすら実験に没頭する学生生活を送りました。大学卒業が近づいても、社会に出て働くことに対する漠然とした不安を感じたまま、就活を避けるように大学院に進学する道を選びました。

 ## アルバイトが診断のきっかけに

　しかし、Eさんも本当のところは就活に全く関心がなかったわけではなく、周囲のゼミ生の活動は気になって仕方がなかったようです。実のところは、就活という未知なる世界の圧倒的な情報量に混乱し、心身ともに疲弊してしまうことへの恐怖や不安から敢えて避けていた、というのが就活をしなかった理由でした。このように何事も整理整頓するのが苦手で、情報整理ができないのも発達障害の特性の一つです。

Eさんが自身の障害に気づいたのは、コンビニ店員としてのアルバイトがきっかけでした。品出しや注文を忘れることが多く、自己嫌悪に落ち込んでいるなか、インターネットで発達障害に関する記事を読み、もしかしたら自分も当てはまるのではと医療機関を受診しました。診断の結果、広汎性発達障害であることがわかりました。このことは両親以外、特に学校内でも誰にも話しませんでした。研究に没頭する学生生活においては支障なく振る舞えていたため、支援を求めるという意識もありませんでした。支援の存在すら知らなかったのが実情です。

　大学院修士課程も修了年度になると親からの忠告もあり、就職活動を避けて通ることはできなくなりました。しぶしぶ重い腰を上げ、学内のキャリア課や担当官と相談して活動の始め方を知り、学外の就活セミナーに参加したりしました。それと同時に、公務員試験（国家、地方自治体）にも応募しました。学業以外のことで、多くの情報に振り回されるようになり、今までにない苦痛を感じ、一時は体調を崩しそうにもなりました。結果的には、応募したすべての企業から不採用の通知を受け、公務試験もすべて面接で落ちてしまいました。

薬品メーカーへの就職

　Eさんは、自分の障害についてどう扱えばいいのかわからなかったこともありますが、公表する必要性も感じず、障害者雇用という選択肢は眼中にありませんでした。そして、最終的には所属研究室の指導官の紹介で何とか薬品メーカーに雇ってもらうことで落ち着きました。

　薬品メーカーでの仕事は化学実験のアシスタントということで、グループリーダーによって用意された指示書に基づいて実験を行ったり、そのレポートを制作し報告したりするものでした。Eさんにとっては、

学生時代の実験室にいるように感じ、役割も明確で、指示以外のことはせずに済むので、大変過ごしやすい環境でした。

　しかし、それから3年が経つと、いつまでも部下の立場ではいられなくなりました。毎年、新入社員をはじめ中途社員、人事異動で配属される新人がいます。人数は少ないとは言え、Eさんも部下を抱えるリーダとしての役目を命じられるようになり、日課業務の指示、内外線の電話対応、業務遂行状況のチェックや改善指導を行わなければならなくなりました。徐々に指示ミスや漏れも多くなり、次第に業務全体が滞り始めてしまいました。そのような状況が長く続き、ストレスから体調を壊し、職場で突っ伏して倒れてしまう事態にまで追い込まれてしまいます。堪えきれなくなったEさんは、自分の障害について上司や人事担当者らに説明し、配慮を申し入れました。

　話を聞いた上司は社員の中に障害を抱えるものがいて、なおかつこれまで誰もそのことに気づかずにいたことに驚いた様子でした。協議の結果、Eさんは一時的に業務の負担を軽減してもらい、責務ある仕事から解放されることになりましたが、このままではストレスで自分自身の体を壊してしまうかもしれないと、職場の支援体制が整うのを待たず、早々に退職の意志を伝えてしまいました。

 転職活動の開始

　退職後はいくつかの支援機関に相談したり、休日にハローワークに通って障害者雇用の求人を検索してみたり、民間企業主催の合同面接会に参加したりと転職活動を開始しました。支援者からアドバイスを受け、自分の障害特性と実際に起こったトラブル・失敗事例をまとめ、職場で欲しい配慮について相手に伝えることができるように準備もしました。

いくつもの求人に応募し、ようやく1社から採用通知をもらうことができました。業種は違いますが、環境検査法人の研究補助というこれまでと似たような仕事内容で、待遇も前職と同等の扱いで見てもらえることになりました。契約社員という雇用形態による入社でしたが、将来の職制や評価については、これからの検討課題として双方協議のうえで決めていくことで合意しました。Eさんが障害特性に悩みながらも仕事をこなしてきたこと、自分の苦手とする部分を経験から明確に伝えることができたことが採用に当たって評価されたようです。採用後は、大きなトラブルもなく就業を継続しています。

考察──感情抑制と管理職への適性

　発達障害のある人の場合、Eさんの事例以外でもよく聞くことですが、職場でトラブルに直面すると、不安が先立って課題解決の方策を見出す前に、即決で退職してしまうことがあります。感情に左右されて判断が極端に二極化し、後先を考えない行動をとるためです。
　転職活動を含め、一般的にキャリアアップを考えた場合、実績や年功で上位職、管理職に任じられるものですが、そうなると指示命令に従うのみが仕事ではなく、業務・人員の管理監督をしなければなりません。どこまでこなすことができるのかは、当事者個人の能力と障害特性にかかってきます。そのため、発達障害のある人の中には、管理職になった途端に職務遂行も自己管理もできなくなってしまう人もいるため、転職後の職場でも従来通りの職制に従った役割をそのまま当てはめることに難しさがあります。別の職域を設けるなど、雇用者側の理解が必要ですが、まだ本格的な対応には至っていないのが現状です。

5つの転職事例から見える課題

　ここに挙げた5人の転職事例から、発達障害のある人の転職活動におけるさまざまな課題が見えてきました。障害特性をもつ求職者ならではの課題もあれば、受け入れ側である企業や社会の課題というすぐには解決しにくいものもあります。以下、発達障害のある人の転職活動でおさえておきたいポイントを見ていきましょう。

急ぎ過ぎる退職の前に

　発達障害のある人が退職に至る理由として、キャリアアップのためというよりも、トラブルに見舞われ、その場にいることへの違和感や居心地の悪さから、職場を離れようとする人が多いように感じます。一刻も早くその場を離れたいという思いから、就業上の課題解決を訴えてもなかなか改善されないときには解決を急ぐあまり、待っていられないと辞めてしまうこともあります。

　そのため、何の準備もなしに無職になってしまいます。失業期間を空けることなく、うまく次の仕事につながるならよいのですが、実際にはそんなことは滅多にありません。先々の生活への心配や、どのように仕事を探したらいいのか、後になってさまざまな不安に頭を悩ませることになります。障害特性を認識している場合には、専門の支援機関に尋ねることで不安を軽くできますが、そうでない場合は大変難しいと思われます。退職を急ぐ前に、離職後の現実を認識しておきましょう。

受け入れられない障害特性と仕事への適性

　発達障害のある人が持つ障害特性については、自覚していることもあれば、客観的に指摘を受けてはじめて認識することもあります。職場でのトラブルや困り事からその原因を振り返るうちに、発達障害がわかる場合もあります。前述の事例でも、職場内のトラブルをきっかけに医療機関を受診後、発達障害があることがわかった人が何人かいました。

　仕事についても、強いこだわりから適性上合わないとされる職種を選んでしまっている可能性があります。自身の障害特性への理解が不十分であるがために、転職を繰り返している場合もあるのです。発達障害のある人の中には、コミュニケーション力が足りていないにもかかわらず、接客や営業の仕事に就こうとする人もいます。周囲の声に真摯に耳を傾け、支援機関等に相談しながら転職活動を進めることができるかが、安定した長期的な就労につながります。

　職業に対する憧れや自身の「好き」という気持ちだけで仕事を捉えるのではなく、一つの職業がもつさまざまな側面を一つひとつ注意深く取り上げてみると、発達障害の人の特性に適するものそうでないものが混在し、職業としては不向きになってしまうことを知ることが大事です。

　しかし、適性がないからと諦める必要はありません。前述の事例にも出てきたように、発達障害のある人にとって一見不向きとされている営業や接客という対人業務でも、やり方によっては取り組むことが可能です。これにより、職域も増えることになりますが、その企業や職場の流儀によるところも多く、柔軟に対応してもらえるかどうかは各々の組織の問題です。これを見出すには、外部からの支援（ジョブコーチ、就労相談員等）の技量だけでなく、受け入れ側である職場内における検討も必要です。現状では、まだまだそのような段階には達していないため、

今後に期待したいところです。個々の仕事の徹底した洗い出しと切り分けによる職域抽出は、職場の業務改善にもつながることになり、見落とされている点でもあります。

仕事が経験できる機会と場が少ない

　発達障害のある人の特性理解や適職理解のためには、気づく機会と学びの場が必要です。就労移行支援事業所や継続支援事業サービスを使って経験することも一つの方法ではありますが、事業体によりできることが異なるため、自分が望むような経験ができるとは限りません。また、これらの機関を利用せずに経験を積むとなると、アルバイトや人材派遣等による短期就労も考えられますが、障害をオープンにして働くことができるかどうかは不透明です。現段階では、発達障害のある人がさまざまな職種を体験できる場は少なく、軽作業や事務庶務に限られています。

未熟な受け入れ態勢

　障害者雇用促進法の改正により企業内での障害者雇用のための体制が強化され、一般的には売り手市場にあると言われていますが、最終的に採るか採らないかは雇用側の采配次第です。誰もが採用されるわけではありません。応募が集中する企業も存在し、なかには不快な内定通知の出し方をしたり、細かい契約事項や仕事内容、受入場所などが決まらないまま入社日を迎えたり、せっかくの採用であっても、不誠実な対応をされることがあります。もしも気になるようなことがあれば、ジョブコーチや公的機関・支援事業所などに相談してみるとよいでしょう。内容によっては、企業との間に入って交渉してもらえるかもしれません。

就業と転職活動の両立

　発達障害のある人の中には、働きながら転職活動を始める人も少なくありません。ただ、障害特性によっては両立が難しい人もいます。
　同時期に複数の求人に応募すると、それらの選考進捗と活動のための休暇申請、さらには通常業務も行いながらの調整となるため、心身ともに疲弊してしまいます。一人で転職活動を行うことに限界を感じたら、早めに周囲の支援者や支援機関との連携を図るようにしましょう。

支援の使い方と立ち位置

　転職活動中は、あれこれさまざまな情報に振り回され迷ってしまうこともあるかもしれません。そのとき、助けになってくれるのが周囲の支援者（または支援機関）です。でも頼りになるからとすべてを委ねてしまうのはいけません。最終的には、自分の進路は自分で決めなければなりませんし、良い結果も悪い結果もすべて自分で受け入れなければならないということも理解しておく必要があります。あくまでも支援者は周囲で見守ってくれる存在であって、当事者はあなた自身です。その分別を忘れてしまっては、双方の関係が壊れてしまうことになるでしょう。

キャリア育成という課題

　現在、法制度で謳われる障害者雇用の促進は、主として採用することに主眼が置かれがちで、障害の状況にも拠りますが、職場への定着さらにはキャリアアップの形成までには十分な支援や制度は行き渡っていません。障害者雇用における、今後の課題の一つと言えるでしょう。

発達障害の部下から学んだ、人を育てる技術

株式会社グローバルセールスパートナーズ代表取締役　**高塚苑美**

◎ 発達障害を持つ部下との出会い

私「あれ、送ってくれた？」
部下「え？　なんのことですか」
私「この前任せた、ほら、あの…○○さんの書類」
部下「あ、ファイルに入れてあります」
私「えっ！　その書類、できたら送るに決まってるじゃない！　なんでファイルに入れてるの！」

　これは私とある部下（K君）の会話です。皆さんはこのような経験はありませんか。実はこの書類は、お問い合わせを頂いたお客様に送るためのものでした。もちろん、K君がその書類を見るのは初めてではありませんし、以前にも同じ業務を担当してもらったことはありました。この仕事を任せたとき、私としては、お客様の情報も渡しているのだから、当然送ることはわかっているだろうという気持ちでした。ですから、書類を作成後そのまま置いてあることにとても驚いたと同時に、「普通はわかるでしょ」という気持ちから、思わず叱責してしまったことを覚えています。

　K君とのコミュニケーションのずれは、これだけではありませんでした。大事な打ち合せの最中に、空気の読めない発言をする。お客様が来たらお茶を出すのは知っているはずなのに、私が言うまで動かない。毎回同じことを忘れ、何度も同じミスを繰り返す。机の上は片付

けられず、同様に仕事への取り組みも中途半端で納期を守れない…。こんな状態が３ヶ月ほど続きました。

　毎日怒られるのも疲れるでしょうが、連日トラブルの処理に追われ、私の心も滅入ってきました。「部下なんだから育てなきゃ！」という気持ちと、「なんで私が忙しくなっているんだろう。こんなことなら辞めればいいのに」と思う気持ちが交錯していました。職場のストレスのほとんどは人間関係であるという記事を読めば、激しく同意せざるを得ませんでした。

「なんでわかってくれないの！」
「これをやったら、次にやることなんてわかるでしょ！」
「この前教えたじゃない」

　今日は何て言われるんだろう。またお客さんに迷惑をかけたらどうしよう。そんな思いから、Ｋ君に会うことすらつらくなり、外出が増えていきました。Ｋ君から「相談がある」と言われると、一応は二人で向き合うのですが、そうしているうちに胃が痛くて座ってもいられなくなるくらい、自分自身にもストレスをためていました。そんなある日、Ｋ君からこんなことを言われました。

「病院で軽い鬱と言われました。調べてもらったら軽度の発達障害だそうです」

　まさか！ という思いと同時に、正直にお話すると、「よりにもよって、なんでうちにいるの！？」と思いました。

「それで…どうしたいの？」
と恐る恐る聞いてみました。
「先生には、とりあえず無理な日は休んで、負担の軽い仕事に変わるように言われました」とのことでした。

　負担を軽く、と言われても大企業ならいざ知らず、零細企業には、「しばらく休んで、それから負担のない業務に異動する」なんていう

余裕はありません。働けないなら辞めるしかない。これが中小零細企業の実情ではないでしょうか。事実、弊社の場合も仕事ができない人を雇い続ける余裕もなければ、それをカバーするだけの人材もいませんでした。このとき、負担が多いと感じているのだし、この会社では代わりの仕事ができないことはわかっているから、きっとK君は近いうちに辞めるだろうと思いました。そこで、まずは彼の担当業務を後任者に引き継げるようにしようと考えたのです。

後任者のための引き継ぎ資料作成

K君の退職を見据え、後任者のために引き継ぎ資料を作成することになりました。具体的にはマニュアルの整備です。

まず、K君の業務を細かく棚卸しし、それをフロー図（**図1**）にまとめました。次に、各フローに合わせ、解説と漏れを防止するためのチェックシートを用意しました。お客様や社内のやり取りに関しては、できる限り文例やテンプレート（**図2**）を作りました。私がいなくても、マニュアルを見れば後任者が対応できるようにと思ったのです。

図1　フロー図のサンプル

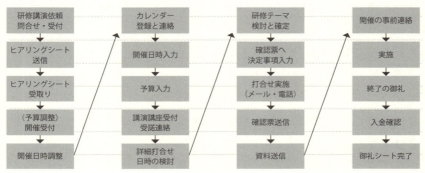

コラム　発達障害の部下から学んだ、人を育てる技術

図2　テンプレート（解説付き）のサンプル

| ご依頼件名 | | | | | | ←主催団体の研修会名称を入れます |

| 実施日時 | 年　月　日（　） | 開始時間 | 時　　分 | ←確定した開催日時を入れます |
| | | 終了時間 | 時　　分 | |

| 主催団体 | | ご依頼者 | 様 | 肩書 | | ←項目通りに入れます |
| ご担当者 | 様 | 電話 | | メール | | 住所 | |

講演テーマ：講演や研修の内容タイトルを入れます
派遣講師：研修を行う研究員名を入れます
内容趣旨：具体的な研修講演内容を入れます
対象者層：受講者の立場等を入れます
予定人数：参加人数（おおよそでも可）を入れます

講演テーマ		派遣講師	
内容趣旨			
対象者層		予定人数	

費用：確定した費用を入れます
交通費）別途かかか□を〇つけます
金額が決まっている場合は金額を入れます
お支払い方法）どちらか〇をつけます
領収書）該当に〇をつけます
発行不要の場合が多いです
依頼側で用意してこちらの押印で済ませる場合
領収書宛名）領収書発行の場合は宛名を入れます
送付先）発行の場合は送付先を入れます

費用		資料お渡し	DATA 送信（file数　　つ）・当日データ持込み
交通費	別途実費（　　円）・込み		テキスト郵送（部数　　部）・当日テキスト持込み
お支払方法	お振込み・当日お手渡し	お渡し先と〆切	
領収費	郵送・当日お渡し・その他	機材の御用意	PC・プロジェクタ・マイク・スクリーン・その他（　　）
領収書宛名			
送付先			

資料お渡し）該当に〇をつけます（通常データ送信で送信データ数を入れます
お渡し先と〆日）どこに送るかを入れ、送信〆日を入れます
機材のご用意）用意してもらう機材に〇をつけます
通常はプロジェクタとスクリーン

会場		会場住所	
最寄駅		当日待合せ方法	
当日ご担当者		当日連絡先	

会場）実施会場名称を入れます
会場住所）実施会場住所を入れます

　しかし、しばらくすると思いもよらない効果が出始めました。K君の仕事のミスが減ってきたのです。よくよく聞いてみると、フロー図を見ると、いま自分が業務全体のどこにいるのか確認することができ、次に何をすれば良いのか、またその際にどの書類を使えば良いのかがわかるようになったというのです。

　そうなのです。K君が動けなかったり、ミスを連発していたのは、覚えが悪いとか、人柄の問題ではなく、単に手順や詳細がわかっていないと手をつけられないという発達障害の特性が影響していたのでした。そう言えば、彼は時々、「全体の工程がわからないと、不安になっちゃうんですよね」と話していました。

　確かに、そう思うと合点がいくことも多くあります。たくさんの書類をひたすら入力し、ミスがないかどうかを確認する単純作業のような仕事では、私なら5分もすれば飽きて放り出してしまうのに、K君は淡々と行うことができました。しかも、明らかに私より正確です。創意工夫や、臨機応変といった類の仕事が苦手なのかもしれないと

思った私は、できるだけ紙に手順を書いて説明したり、図解したりするように心がけました。

さらにK君は日頃から優柔不断で、自分自身で判断することが苦手でした。ほんの些細なことでも私に確認をとらないと返事ができず、その度にお客様をお待たせしてしまい、トラブルにつながることもしばしば。そのため、そういった仕事の場合には、かなり細かい分岐表（**図3**）を作り、なるべくYesかNoで進行できるようにしました。

図3　分岐表のサンプル

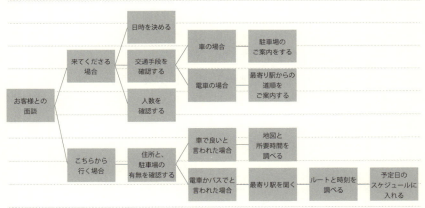

このような工夫を重ねていくうちに、K君の不安は解消されたのか、自分でできる仕事が増えていきました。半年ほど経ったときには、自ら叩き台を作成し、「マニュアルを作ってみたんですけど、どこか抜けているかもしれないので、見てもらっていいですか？」と積極的に話しかけてくれるようにもなりました。

結局、このときのK君とのやり取りがあったおかげで、事務仕事などに関する完璧なマニュアルができあがり、新人教育の場面でも役立っています。

◎ 発達障害の人が働きやすい職場は、みんなが働きやすい職場

　この経験を通してわかったことは、発達障害は一つの個性にすぎないということです。自分自身のことを振り返ってみても、この仕事は得意だけど、こちらは全くダメ、ということは多々あります。自分と同じようにできないからダメだと言ってしまっては、それぞれの個性を活かし、能力を伸ばせる職場を作ることはできません。発達障害の人にとって働きやすい職場は、実は誰にとっても働きやすい職場なのだと思います。

　その後、K君は「自分に得意なのは○○の分野だということがわかりました！　こういう風に仕事をしていけばいいんですね！」と自信をつけ、現在は別の業種で元気に働いています。

　ダイバーシティが叫ばれる昨今、私としては、みんなが少しずつコミュニケーションを工夫し、誰もが働きやすい職場が増えることを祈っています。

第 6 章

発達障害の人のキャリア開発と活躍

発達障害の人のキャリア育成

　障害をもつ人の就労・雇用は職業リハビリテーションという理念に支えられています。これは、障害によって職業を通じた社会参加、経済的自立の機会が妨げられてはならない、という考え方です。個人の能力向上だけではなく、障害者を受け入れる立場にある職場の体制や環境開発もその支援の対象となることから、企業一般で言われるキャリア形成／開発や、人材育成とは少し違う意味合いを持ちます。しかし、自身のキャリア育成については定型発達の人のみならず、障害をもつ人も同じように考えていかなくてはならない事柄です。

　この章では、障害をもつ人、特に発達障害をもつ人へのキャリア育成に関する状況や、カウンセリングを行ううえで注意すべきことをお伝えします。職場での行動・振る舞いに留意することももちろん大事なことですが、キャリア育成の面から見ると、もう少し長く大きい範囲で「ワーキングライフ（職業生活）における自分の身のふり方・考え方」を意識していかなければなりません。発達障害のある人が自身のワーキングライフの中で、これからどこを目指すのか、将来の自分の姿を考える「きっかけ」にしてもらいたいと思います。

障害者雇用におけるキャリア育成の実情

　障害者雇用全体の課題として、障害をもつ人の就労を通じた社会参加、あるいは休職者の復職（リワーク）が大きく取り上げられ、これまで、働く場の創出や定着のための法改正、雇用促進活動が進められてき

ました。その背景には「職業リハビリテーション」という理念が存在します。長期的な視野で障害者を支えることを基点とする職業リハビリテーションは、「キャリア育成」を就職や転職のみならず、人生全体を通しての生き方として捉えます。この支援は長い歴史を持ち、さまざまな障害をもつ人の就労を支えてきました。

近年、世界経済のスピード化、グローバル化に伴い、専門性に特化した人材よりも、一人で何役もこなせるマルチタレント的な人材が求められる傾向にあります。また、大企業であっても一瞬で経営が傾くという経済変動の激しさも目立つようになり、その動静が採用市場に与える影響も大きくなっています。こうした雇用環境の情勢に合わせ、職業リハビリテーションにおける支援内容もまた変化を遂げています。

発達障害のある人への支援

発達障害のある人の中には、学習障害を伴う場合もあれば、自閉傾向により対人関係の構築が困難な場合もある一方で、特に障害を公表することなく、一般社会で活躍する人も存在しています。このように多様な特性により、身体障害や知的障害以上に職業（職場）適応の幅が広いと思われる発達障害ですが、配慮のポイントや処遇の条件などの調整に当たって、支援者には当事者と雇用側の間で大変難しい舵取りが期待されます。転職によるキャリア育成を視野に入れる発達障害のある人にとっては、これまで以上に長期的な支援が必要です。より深い職業知識や業種業界の現場経験、そして障害特性の熟知が支援する側に求められ、すでに単一機関で賄える域を越えています。今後は官民を問わず、多種多様な組織による協力関係の構築を進める必要があるでしょう。

キャリアカウンセリングのあり方

発達障害のある人のキャリアカウンセリング

　発達障害のある人がキャリアカウンセリングを受ける場合、最初に相談するのは障害者福祉の専門スキルをもつ支援員の場合もあれば、企業に派遣される職業カウンセラーの場合もあります。発達障害のように、特性や職場適応の範囲のすそ野が広い場合、障害者福祉専門の支援員、職業カウンセラー双方の見識を有していることが必要です。どちらか一方の見方だけで、相談内容を網羅することは難しいかもしれません。

　ある相談例で「憧れの仕事がしたい」と転職したものの、サービスを提供する側と受ける側の違いが受容できず、仕事内容が違うと憤りを感じていた当事者がいました。発達障害の特性の一つに、「認知のずれ」があります。本人が「できる」と思っていることでも、周囲が想定しているレベルに達していないことが多々あります。

　このような場合、どのように説明すれば本人が納得いくのかを考え、発達障害のある当事者に仕事の現実を指し示すことがカウンセリングの一つと言えるでしょう。事実を知ることで本人が落胆することになるかもしれませんが、間違った解釈で被る不利益を防ぐことも必要です。

特性を捉えたカウンセリング

　発達障害のある人は、特性の一つである独自の解釈とこだわりの強さから、一度の説明では納得することができず、期待と不安の連鎖を何度

も繰り返すことがあります。また、一度理解したからといって、本人の思考や行動パターンが変わらず、カウンセリングに長い時間を費やすこともあります。当事者が一人であれこれと思い巡らし、あらぬ方向に進まないようにするためにも、カウンセリングの際は「事前説明とその反復」が重要です。

　当事者に対して、仕事や職業のあるべき姿を丁寧につまびらかにしていくことが一番望ましいとは言え、残念ながらそのすべてを説明できるわけではありませんし、当事者もそのすべてを実体験できるわけではありません。この課題をどのようにクリアするかは今後、各カウンセラーを含めた周辺の支援関係者らの力量にかかってくるでしょう。

　発達障害のある人のカウンセリングは一進一退を繰り返したり、聞き出すことの困難さから聞き手自体が曖昧な解釈をして真意を歪めてしまったり、当たり前のことと一言で片づけてしまう傾向が少なくありません。手間を惜しまず、常識に捕らわれず、多面的に相手の声に耳を傾ける姿勢でいることが大事です。

ヒアリングの対象期間

　一般的なキャリアカウンセリングにおいては、職歴のある期間のみをヒアリングの対象期間としますが、発達障害のある人の場合は就業歴のある期間だけの動向を見ても、離職や職場不適応に至った理由や原因がわからないことがあります。そのため、幼少期や就学期など、過去のトラブルも含めた経緯を聞き取ることで、当事者が抱える就労上の課題を解決するためのヒントが導かれることもあります。また、ヒアリング中のしぐさや態度、話し方にも発達障害の特性が出ていることがあるので、小さな変化も見逃さないように注意しておくことが必要です。

発達障害のある人が目指す将来

将来像がイメージできない

　就職活動中の発達障害のある人がこんなことを話されました。
　「この先、管理職になって働いているなんて想像できない」
　発達障害のある人にとって、将来の自分の姿をイメージするのは難しいことです。これは今しか見えていないということではなく、障害特性による想像することの困難さが、未来像を見えにくくしていると考えられます。
　同じ職場で長く働き続けることが理想的かもしれませんが、経営状況や職場の状況は刻々と変化しますし、必ずしも同じ部署・職位に居続けられるとは限りません。一般的に、仕事の経験を積めば、上位者、管理者へとキャリアアップしていくことが考えられます。それにより、これまでと異なり、指示を受ける側から出す側に、フォローされる側からする側に、さらには社内外との折衝交渉を担うなど、役割が増え責任も大きくなっていきます。発達障害のある人にとっては、キャリアアップによる仕事内容の変化が大きな負担となり、ストレスで身動きがとれなくなってしまうこともあります。
　転職を含めたキャリア育成を念頭におく際は、大きくなっていく義務や責任を避けることはできません。なかには仕事と組織とのマッチングが最適かつ、フォローできる人材が周囲にいたため、障害をオープンにせずとも管理職として働き続けているケースもあるようですが、非常に稀な例と考えられます。

キャリアアップの目指す先

　では、発達障害のある人のキャリアアップにおいて、目指すべき行き先はどこにあるのでしょうか。以下、想定される将来像について見ていきましょう。

● 専門性を極める

　専門性を突き詰めてみたらどうでしょうか？ 他者が認めるほど得意とする分野があるのであれば、それを突き詰めることも一つの向かうべき方向かもしれません。ただ、一点のみでよいかと言えば、新たな逸材が現われれば、その後は行き場に困ることになります。一点のみでなく、複数の高い専門性、それも組織が求める専門性を持ち続けることが望ましいと考えられます。専門性を極める場合には、一つの分野で満足するのではなく、新たな知識やスキルの取得にもチャレンジし続けなければならないことを意識しておきましょう。

　また、技術職と総合職を分けているような組織でも採用時はその専門性が評価対象になりますが、職場内で経験を積み実績が評価されれば、キャリアアップとして指導的立場に移行し、技術職であれ管理・指導の役割を担うことになります。なお、このような昇進制度は組織の事業や運営管理方針に関わることですので、どの職場でも同様の適用を行っているわけではありません。

● 起業する

　特殊な例ではありますが、起業家も一つの選択肢として挙げることができます。非常に稀で相当高いハードルにはなりますが、雇われるのではなく、自らの居場所を作り上げることができます。

発達障害のある人の中には、思い立ったら即決の行動力と、緻密な性格を活かし、奇抜な発想やビジネスプランで事業を起こす人がいます。しかし、ここに辿り着くまでには、世情や運もさることながら、サポーターとして優秀なスタッフが周囲を固めていることが必須条件です。毎年多くのビジネスが生まれ、同じ数の倒産や撤退があるので、必ずうまくいくとは限りません。事業が成功すれば当事者にとって理想的な環境ではありますが、失敗したときの経済的損失は相当なものです。すべての人にお薦めすることはできませんが、想定しうる道の一つではあります。

トライ＆エラーを繰り返す

　発達障害のある人の就労はまだ手探りの状態にあり、何が最適な手段なのか、一つひとつ試みていくしかありません。失敗を多数経験してしまうかもしれませんが、その中から可能性が生まれてきます。現在与えられた仕事や環境下で、何をどこまでできるのか、トライ＆エラーを繰り返し、練度を上げていくことが将来につながる第一歩となるでしょう。自分の希望と異なる職場／仕事でも、自分ができる領域（テリトリー）を少しでも広げていかないと、いつまで経っても目移りばかりしてしまい、最適な仕事は見つかりません。
　発達障害のある人の就労の先にある将来像について、社会的制度・対策や支援もまだまだ整備途上にあり、これからどのような実績が出てくるかわかりません。今後、さらに新たな働き方が生まれ、キャリア育成の多様な行き先を見ることができるものと想像できます。悲観する必要はありません。諦めずに、自分の可能性を突き詰めていくことが大切です。

あなたがすべきこと、あなたに求められていること

　転職における採用市場においては、障害のあるなしに関わらず、新卒生とは異なり、就業経験のある社会人として、ある一定の振る舞いができるものとして見られます。ただ指示に従って仕事をこなしていればいいということはなく、さらにその上のレベルを求められます。あなた自身の考えで率先して行動する必要があります。発達障害を持つ人にとって、少し負担になるかもしれませんが、それだけあなたの活躍が期待されているということです。

　入社後は所属する組織や上司に、あなたにどんな役割を求めているのか尋ねてみることも必要です。お互いが違う方向を向いているようなら、これから一緒に仕事をしていっても良い結果を生まないかもしれません。それこそ居場所を間違えたミスマッチングとなってしまいます。

　企業側の採用サポートをしていると、短期間のうちに離転職を繰り返している人をよく見かけます。転職市場の活況が、簡単に離転職しやすい様相を生みだしていることも要因の一つではありますが、何度も離転職を繰り返すことが採用担当者にどんな印象を与えるのか、忘れているように見受けられます。経験を積むことで自分を成長させていると見る場合もあれば、その逆に見られることもあります。

　転職を重ねることの意味を慎重に考えなくてはなりません。障害者雇用においては、雇用環境にまだまだ未熟な面もあり、やむを得ない理由で離職にいたることもあるかもしれません。その場合も、採用選考に当たってはあなたの信用度が客観的に図られるのは必然です。転職を考える際には、その点も意識することを忘れてはいけません。

目標管理の仕方

数値目標と非数値目標

　企業等法人の人事制度には、等級制度、人事評価（＝人事考課）、賃金制度、人材開発などがあります。それらは相互に関係し影響し合っています。その中の人材開発の一部となるのが、目標管理です。社会人として成長し働き続けるために、スケジュール管理や仕事の成果、キャリア形成を含めてさまざまな目標を立て、それを達成するために組織的な管理を行うものです。

　どのようなものか一例として説明します。ある区切られた期間（月や年単位）において、目指すべきゴールを設定したとします。ゴールは一般的には、売上金額や完成数量、時間など一目で状態がわかる数値目標と非数値目標に大別されます。数値目標は担当する業務の出来高が指標として用いられることになります。例えば、営業部門であれば売上高、製造部門であれば生産数や不良品数など、仕事の結果が数値に表せるものが目標として設定されます。

　非数値目標には全体目標や部門目標と呼ばれるものがあり、そのうち自分に関係する事柄を目標として掲げることになりますが、全体目標と自分との関係性がわかりにくい場合は、上司らと相談しながら決めた方が良いでしょう。個人が考える非数値目標としては、「ケアレスミス防止のためのチェックリスト制作と運用を行う」や「簿記資格を取得する」など、現在課題となっている業務の改善、さらなる成果を生むための行動や工夫を目標として掲げます。

人事評価と目標管理

　目標管理は成果主義に偏向したり、失敗を恐れてモチベーションが低下する可能性もあることから目標管理自体が敬遠されたときがありました。そのため、人事評価とは直接関連づけないように謳われ、人事評価では結果を、目標管理では過程を重要視するように考えられています。

　目標達成のためには、具体的に何をどのようにするのか行動を決め、実行と見直しを反復してゴールを目指します。しかし、行動すれば即結果が出るというものではありません。すぐに結果を求めてしまうと、焦りと不安に駆られ、発達障害のある人の中には、不安定な状態になってしまう人もいるかもしれません。結果が出ないことで評価が下がり、雇用契約を更新してもらえないのではないかと、被害妄想を持って相談にお見えになられる方がいらっしゃいます。焦らず、目標達成までの過程を見据え、トライ＆エラーを繰り返すことが大切です。

 ## 目標の立て方

　周囲と同じような目標を設定するのではなく、任された担当業務に関する目標、自分の職位に見合った目標を持たなければなりません。職場内での経験年数に伴い、目標も変わっていくことが求められます。

　入社当初は上司からの指示に間違いなく従うことで済んでいましたが、経験年数や練度が増せば、指示を出したり、業務の改善や効率を考えたり、さらには新たなアイデアを見出したり、難易度の高い仕事をこなせるようにならないと成長として見てもらえないかもしれません。特性による困難さが伴う業務については、それを考慮せずに目標を掲げるわけにはいきません。上司と相談のうえ、目標達成までに配慮を見込ん

だ余裕のある期間設定を考える必要があります。

　自分の目標ですから自分の感覚で決めればいいのですが、あまりにも低い目標設定にしたり、実現不可能なほど高い達成目標を設定したりすると、消極的または現実味に欠けるとして認めてもらえないかもしれません。上司と相談のうえ、期待される達成度と自身で想定する目標達成の基準とを擦り合わせておきましょう。

　一つの目標を達成したら、それで終わりではありません。次なる新たな目標を設定し、「終わりのない挑戦」を続けることが目標管理の核心部分です。目標管理の結果は、給与査定や人事考課（昇給等）といった人事評価に使われることがあります。競争の中で生き残ることが組織全体の目標であることを考慮すると、同じ職場の中で競うよりも外部との比較が本来あるべきところです。目標設定の基準は社内よりも、社外、広く同業他社を比較対象として意識する必要があるでしょう。

転職≠キャリアアップ

　転職はあくまでも機会です。本当の意味でキャリアアップするというのは、目標管理をしながら仕事の練度を上げ、それに関する知識や経験を身に付けることです。ですから、厳密には「転職＝キャリアアップ」とは言えないことも覚えておきましょう。

目標管理シート

　目標管理シートについては、事業年度や半期単位で直接業務に関わる内容を目標値として設定します。定量・定性どちらも具体的な内容にして、スケジュールも明記します。場合によっては、定期的に上司らと面

談をして進捗状況・課題を共有し合うこともあります。一度書いて終わりではなく、さらなる目標を追い続けるための材料として用います。

図1 目標管理シート：販売職の場合（サンプル）

目標管理シート　　　　　　　　所属部署　販売営業部　　　氏名　〇〇〇〇

部門目標			
定量項目	目標値	達成度（％）	コメント
売上額前年度10％UP	1000万円以上	80％（800万円）	目標には届かず、接客の煩雑さが次につながらなったものと考えられる。

個別目標			
定量項目	目標値	達成度（％）	コメント
接客数	月20件以上	50％（月10件）	来店新規数が伸び悩んだため。
店舗商品整備	毎日2回以上	100％（毎日2.5回）	店舗巡回が日課として定着した。
アフターセールス数	月10顧客	30％（月3件）	

定性項目	期間		コメント
販売士資格の取得	→		予定通りに資格取得。初版として手順フロー整備完了、更新フローが未だ未定のままで継続実施予定。
契約手順フロー整備	→		

図2 目標管理シート：事務職の場合（サンプル）

目標管理シート　　　　　　　　所属部署　人事総務部　　　氏名　〇〇〇〇

部門目標			
定量項目	目標値	達成度（％）	コメント
全社員情報データの管理・更新	500名分	80％（400名分済）	マイナンバー対策と並行したため残数が発生してしまった。
マイナンバー対策整備	年度内運用開始	90％（システム導入済）	

個別目標			
定量項目	目標値	達成度（％）	コメント
文書制作・入力ミスゼロ	10％以下	100％（ミスなし）	構造化したチェックフローがノーミス効果につながった。中堅層研修案まで制作済、上位層分ペンディング状態となる。
職位別の研修企画案立案	9月末	50％	

定性項目	期間	コメント
業務フロー制作	→	担当業務フロー制作完成。

第6章　発達障害の人のキャリア開発と活躍

職場での人事評価について

定量評価と定性評価

　働き始めると多くの職場で人事評価（＝人事考課）という人事制度が適用されます。前述の目標管理で掲げた業務上の目標と実績、その経過をもとに、上司が業務遂行に当たっての評価をするものです。人事評価は、売上額や受発注件数など数値で表せる定量評価と、数値では表せない行動や姿勢などに対する定性評価に分かれます。

　定性評価には以下のようなものがあります。
- 知識や技能が習得・向上しているか？
- 仕事の進め方などの計画・組立ができているか？
- 責任をもって最後までやり遂げるか？
- 困難なことでも進んでやってみようとするか？
- 職場のみんなを助けることができるか？
- ルールや決め事はきちんと守っているか？
- 自分の伝えたいことは間違いなく伝えることができるか？

　定量評価／定性評価それぞれの項目に重みづけ（どの項目を重要視するかの比率）が加えられ、評価結果が総合的に点数化されます。直接ではありませんが、この結果が賃金査定に反映されることもあります。このことから評価内容によって待遇が下がったり、異動になったりするのではないだろうかとネガティブに捉える人も多いようです。ただ、これだけですべての査定が左右されることはありません。

　人事評価は人を格付けするものでも、選別するものでもなく、自分を

育成させていくためのツールです。自身の仕事の達成度を計る指標の一つと捉え、積極的に自分のために活用するようにしましょう。

人事評価への誤解

　このような人事評価の真意が伝わっていないこともあって、いくつか勘違いされていることがあります。まずは、賃金に関することです。人事評価と賃金は密接に関連しているものと捉えられていますが、組織自体の経営状態にも拠りますので、評価が上がればその分賃金報酬も上がるとは限りません。経営状況が悪ければ給与の原資が少なくなるため、いくら評価が高くても賃金が下がることもあり得ます。人事評価の高低で賃金が上下する、という思い込みは見直すようにしましょう。

　また、評価の考え方や基準は組織によって当然異なります。評価基準は各企業が従業員をどのように見ているか、伸ばそうとしているのかが表れます。組織の考え方が合わないと感じるのであれば、転職も一つの選択肢と考えることもできるでしょう。ただ、希望する条件にすべて合致する組織が必ずあるとは言えませんので、目指すべき落ち着き先を決めておかないと、止めどなく転職し続けることになります。

　発達障害のある人からの相談でよく見受けられるのが、人事評価は絶対評価であるという勘違いです。一部にはそういった企業もありますが、概ね組織の中での相対評価に近いと言えます。それでは、従業員の中で同じような目標や実績を上げたら、全員が同じ評価になるのかというと、そんなことはありません。人事評価は従業員一人ひとりで尺度が違います。各自の目標設定には重みづけ（人事評価シートのウェイト）がされ、どの評価を重んじるかの比重もそれぞれで異なります。それらを総合的に見て判断するのが人事評価です。一つの成果だけで評価が決

まるわけではないので、勘違いしないようにしなければなりません。

障害者雇用における人事評価

　働く障害者に対して評価をつけること自体、賛否両論あると思います。企業や組織の一員として働くということは、障害の有無に関わらず、誰もが義務と責任を背負います。その中で、必要な配慮を希望することは当然のことですが、特別扱いをするわけにはいきません。職務を遂行するための目標を掲げ、その達成を目指す以上は成果が問われます。評価を受けることも当然のことです。傾向として発達障害のある人の場合、全体像が掴めないことから自己評価が周囲の評価より高めになっていることがあります。人事評価は制度としては有益なものですが、経営層や管理職の中に評価制度の本来の意味が浸透していないために、間違った使い方をしているところもあります。本来、管理職の立場にある従業員は、評価内容にばらつきが無いように、且つ人間性を持った評価ができるように訓練を受ける必要があります。反対に評価される側も目標達成できないことで自分を貶めたり、恒常的な評価に対して不信感をもったりすることがないようにしなければなりません。

　人事評価は、自分を成長させるためのツールです。自分の努力と前向きな姿勢を表す鏡として、制度を利用する心構えを身に付けましょう。

人事評価シート

　人事評価シートの利用にあたっては、事業年度前に各評価項目に対して自分の行動目標を立てます。どの項目に重点を置くかを表すウェイト（重みづけ）を割り振り、年度終わりに振り返り、自身で評価し、採点

とコメントを記述します。上司ら評価者も同様に記述します。目標を立てるときも自己評価するときも、評価者との面談があり、内容について詳しく語り合い、相互理解を図ります。各採点とウェイト、さらに組織が独自に設定している計算式により、総合採点が打ち出されます。その点数が給与査定や職位等級の判断に用いられたりします。

図3 人事評価シート（サンプル）

人事評価シート　　　　　　　　　所属部署　業務部　　　氏名　○○○○

評価項目	自己行動目標	自己評価コメント	ウェイト(10)	評価者コメント	5段階採点 自己採点	評価者採点	総合採点	総合コメント
知識・技能	PC文書制作向上のためのスキルをつける。	高度機能を使い制作効率を上げることができた。	1	習得技能をすぐに業務の中に発揮できている。	5	5	4	さまざまな試みを自分で考え実施しているので、仕事への精度は向上し、精度も上がってきてはいるが、自己の状態把握はできていない面もあり、自省自制の機会を設ける必要があると考えられる。
説得力	質問報告は手短にわかりやすくまとめる。	以前に比べると、質問回数が減ったと思う。	1	伝えたいことが整理できていないので、支離滅裂になる事が多い。	4	3	2	
認知力	指示命令の意味をしっかり把握するように何度も確認をする。	逐一質問問合せをすることで、指示内容を間違いなく把握するようにした。	1	感情が優先される場面も多く、指示命令の意味が掴めていない時がある。	4	3	2	
企画計画力	作業ミスや効率を上げるための対策を考え導入する。	作業フローや段取り表など見えるツールを作って整理できた。	1	独自の対策を講じて業務に貢献しようとしている姿勢が見られる。	5	4	4	
新規開拓力	空き時間ができないように、周囲に状況の説明をして回るようにする。	新たな仕事に取り組めるように、周囲に状況を知らせるようにした。	1	自ら発信することを忘れがちで、状況が把握しづらい。さらなる工夫が必要。	3	2	2	
達成責任感	業務の期日を必ず守るようにスケジュールを組む。	期日厳守で業務を完了させることができた。	2	責任を持って取り組むも、調整ミスや見積の甘さから余計な作業も多い。	4	2	2	
協調性	担当以外の仕事を受けるようにする。	依頼があれば即時対応できるようにしている。	1	依頼には素直に答え即取り組むことができている。	3	3	3	
誠実性	文書制作ミスゼロを目指す。	見直しフローを検討・実施し、ミスが減少した。	2	制作ミスは大幅に減り、精度も高い。	5	5	4	
				平均点	4	3	3	

個人目標					5段階採点		
定量項目	自己評価コメント	評価者コメント	ウェイト(80)	自己採点	評価者採点	総合採点
決済業務の即日処理	平均2日要して目標達成できず。	諸事情の理由からほぼ達成で問題ないと思われる。今後も取り組まれることを期待する。	80	3	4	4

				5段階採点		
定量項目	自己評価コメント	評価者コメント	ウェイト(10)	自己採点	評価者採点	総合採点
エクセルスキル向上	MOS資格を取得し、即実践につなげることができた。	成果として通常業務への反映を感じられる。	10	5	5	5

第6章 発達障害の人のキャリア開発と活躍

異動を希望するとき

 ## 人事異動の意味

　会社という組織に属していれば、人事異動はつきものです。上のポストが空いたために、評価が高い社員をそのポストに抜擢する昇進もありますし、チーム内の欠員を埋めるための欠員補充もあります。入社後の配属先で業務への取り組み状況を見たうえで、適性を活かすような配置転換もあるでしょう。ある特定の業務を複数の従業員がこなせるようにするために、一人の社員が社内の複数の部署を異動するという人事異動もあり得ます。人事異動は、より一層の能力が発揮できる環境へと異動することで、さらに能力を伸ばして会社へ貢献してもらいたいという考え方によるものです。

 ## 異動の希望は通らない

　どんなに社員が異動を希望しても、その部署の業務が回らなくなってしまっては問題です。異動希望を提出した社員は、なぜ異動を希望するのかということを確認されます。わがままで希望しているだけなら、会社としては受け入れることが難しいでしょう。何か特別な事情があるのであれば、会社側もきちんと検討する必要があります。
　希望部署の申告制度のある企業もありますが、すべての希望を叶えることは不可能です。一部署の一存で決められるほど会社はシンプルではありません。各部署から「出したい人、欲しい人」を募り、社員からは

「異動したい、異動したくない」という両者の要望を聞き、会社の力学に配慮しながら調整をしているのが実情でしょう。異動を希望しても簡単には通らないというのが一般的な理解です。2010年の調査では、「異動が自分の希望に基づいている」と答えた人は異動経験者のわずか3割でした（図4）。この調査結果をみても社員が希望部署を申告したとしても、異動希望がすぐに通ることはないと思っておくのがよいようです。

異動希望を記載した情報は、会社に保管されます。異動希望を申請した時点では、家庭の事情で実家に戻ることを考え、別の職種を希望していた、ということもあるかもしれませんが、その希望が永続的に続くとは限りません。実家に戻る必要がなくなることもあり得ます。発達障害のある人の中には、物事に対して正直な人が多く、異動希望の申請はアンケートの質問に答えたまでと考えるかもしれませんが、その希望は個人情報として企業の中でずっと生き続けます。軽い気持ちで提出した申請に対して、何年も経ってから「希望をしていましたよね？」と言われてしまうことにもなりかねません。会社に提出する情報である以上、早計な希望は出さないようにするのがよさそうです。異動希望は簡単にはかなわないかもしれませんが、継続して働きかけ続けることにより可能になります。そのためには目の前の仕事をしっかりこなすこと、そして次の自分のステージを意識することが大切です。

図4　人事異動の希望が通らない社員は多い

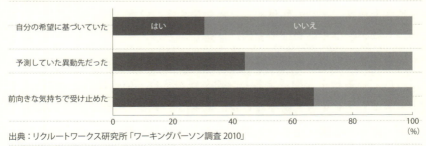

出典：リクルートワークス研究所「ワーキングパーソン調査2010」

自分らしく働く

職場におけるストレスマネジメント

　発達障害のある子どもは幼い頃から周囲の人に注意されたり、怒られることが多く、それが続くと「自分は何をやってもダメだ」と完全に自信をなくしてしまいます。そのような状況が継続的な場合は、気持ちが落ち込み、意欲が低下したり、攻撃的になったりという二次症状も起こしやすいと言われています。義務教育の現場では発達障害への理解が進み、療育が広がってきました。療育とは、発達障害などさまざまな障害をもつ子どもに、特性による生きにくさを改善して社会的自立を促すために、医療や専門的な教育機関と連携して、必要なトレーニングを施していくことを指します。

　しかし、成人になってから発達障害の診断を受けた人は、療育によるトレーニング経験もないため、負の状態からスタートせざるを得ません。どのような職場、どのような職種に就こうとも定型発達の人よりストレスがかかりやすいのは仕方がないこととも言えます。小学校に通う児童であれば、周囲に「いつでも肯定的に優しく接してください」という依頼も可能ですが、職場で「ミスしたとき、いきなり怒らないでください」などという依頼は現実的には難しいでしょう。

　発達障害のある人の中には、自分が怒られていなくとも、他の社員が怒られている様子が聞こえると、自分が怒られているかのように感じ、ドキドキしてしまう人は少なくないと思います。こうした状況を回避するためには、周囲に優しい対応をお願いするだけでなく、自分自身を肯

定し、ポジティブに考えるようにして、ストレス耐性をアップしなければなりません。

ワーキングライフの完走に向けて

　発達障害のある皆さんには、皆さんのままで自分らしくいて欲しい、無用に傷つくことなく、皆さんにとって心地よい生活を送って欲しい、というのが著者の個人的な願いです。

　子どもの頃に療育を受けてこなかったからといって、トレーニングを始める時期に遅すぎるということはありません。対人スキルの低さを改善したい人は、効果のあると言われるトレーニングを受けてみるのもよいと思います。また、職場では失敗をしてしまったとき、トラブルを起こしてしまったときのコミュニケーションはとても重要です。まず謝るということは誰しもわかることですが、反省していることが相手に伝わらないような謝り方では不十分です。誠心誠意謝ったうえで、実はこういう事情があって、こうしたら改善できるかもしれないから、協力してもらえないかと、順序立てて話すことで事態は変わるかもしれません。

　過度に無理を重ね、体調を悪化させてしまったという相談を多く受けてきました。職業人としての長いワーキングライフは、ずっと全力疾走できるものではありません。マラソンのように自分のペースで完走することが目標です。苦しくなったら歩いてもよいのです。決して無理することなく、自分の特性をよく理解することで、苦手な部分については具体的な対策をとります。そして、身近に相談できる人をみつけ、「自分にはこういう特性があってこういうことが苦手だから、こういうときはこう伝えて欲しい」とお願いしておくと安心です。皆さんはいくらでも成長していくことができます。成長し続ける皆さんを応援しています。

発達障害の人が活躍する未来

雇用は進む

　障害者雇用枠での採用において「発達障害」という言葉を聞いたことはあっても、「障害特性はよく知らない」という人事担当者も少なくなかったのは、それほど昔のことではありません。それから数年のうちに、発達障害のある人を中心に採用を進める企業が次々と出現してきました。
　当初は特例子会社での採用が主でしたが、発達障害の人の中には抜きんでて優れた能力を持つ人がいることが知られるようになり、外資系企業では一芸に秀でた人の採用が進んでいるものと思われます。もちろん外資系企業で働くには英語力と自分の意見を表現できるコミュニケーション力が備わっていることが前提条件となりますが、発達障害の特性が個性として受け入れられ、過ごしやすい風土があるように思います。発達障害のある人の就労に関わるセミナーに参加する企業からは、一般企業でも「発達障害の人を30名採用しています」などという話を聞くことが普通になってきています。障害者雇用枠で就職した発達障害の人が数年の経験を積み、さらに次のステージを目指す人が増えてきたのも当然のことでしょう。今後、発達障害のある人の雇用においては、さらに自分に向く仕事、より働きやすい環境を目指すことが予測されます。

変化を恐れない

　発達障害のある人の就職相談では、「つぶれない会社に入りたい」と

言う人が少なくありません。しかし、経済環境は刻々と変化し、大企業といえどもいつ屋台骨が傾くかは誰にも予想できません。現在の雇用先で定年まで働き続けられるかどうかは誰にもわからない時代です。このような時代を生き抜くには、変化を恐れず、どのようなときでも相談できる人をみつけ、その時々におけるベストを選択していくことが最良の結果につながると言えるのではないでしょうか。アメリカのビジネス界では、医者と弁護士とエージェント（ヘッドハンター）にそれぞれいい友人を持てと言われます。それほどヘッドハンターがビジネスパーソンにとって身近な存在です。これらの3つの職種は、人生でピンチに陥ったとき、役立つ点で共通しています。

✓ 相談先をもつ

　著者はこれまで、多くの発達障害当事者の相談を受けてきましたが、発達障害のある人にとって良い医師と出会うかどうかがまず重要なことと思います。信頼関係を長く継続し、体調の悪化に的確に対応してくれる主治医の存在は欠かせません。職場においても良い上司、指導者、支援者に出会えればそれに勝るものはないでしょう。しかし、企業には人事異動がつきもので、相性の良い上司がずっと自分の上司でいてくれるかどうかはわかりません。さらに、職場の人間関係に関する悩みや家族との関係など、仕事そのものではないさまざまな悩みを相談できる支援者も見つけておくとよいでしょう。

　支援は何も問題が起こらなければ利用する必要のない保険のようなものです。転職を希望する発達障害のある人にとってはキャリアの相談ができる人が身近にいるといいでしょう。相談相手とのよい関係が皆さんの活躍の機会をさらに広げることになるでしょう。

おわりに

　冒頭でも触れましたが、ここ数年で発達障害のある人の就労が進み、そのうえで就業中の発達障害の方々がさらなる飛躍を求め、転職を考えるようになったという状況は大きな進展だと思います。感慨もひとしおです。就職から転職へと階段を一段上がり、そして、さらなるキャリアアップと特性理解の広がりへ、という新たな階段が見えてきました。

　障害者雇用における就職支援に携わるなか、まだ知られていない障害や、目に見えないため理解されにくい難病や障害のある人の就職をサポートしたいと思う気持ちが強くなり、新たなフィールドを模索してきました。発達障害のある人の就労支援に力を入れるようになったのは、当事者とある企業の出会いをお手伝いしたことがきっかけです。採用企業の担当者は、発達障害について書籍を読むなどして知識を得たうえで面接に臨まれていました。応募者の素直さ、真面目さが最大限に評価され、スムーズに入社が決まりました。「私たちは、入社を心待ちにしているのですよ」とおっしゃった担当者の方の言葉が忘れられません。このような素晴らしい企業との出会いの一端を担えたのはとても嬉しいことでした。就職活動で苦労している方が多く、その背景には企業の担当者に発達障害についての知識がないことがあるならば、就労を進めるために求職者のみならず、企業にもさまざまな情報を発信していこうと思い、現在、講演活動にも積極的に取り組んでいます。

　発達障害のある人たちがさらに活躍するためには、何よりも各職場に理解者を増やしていくことが重要です。人事担当者のみならず、正しい

知識を持つ人が職場に増えれば、発達障害のある人が働きやすくなることは間違いありません。また、発達障害のある人が働きやすい職場は誰もが働きやすい職場であると言えるのではないでしょうか。各分野の専門家にも発達障害を理解するサポーターが増えて欲しいと願います。

　本著のコラムでは、法律や教育といった各分野で活躍する専門家の方々にご協力いただいたおかげで、これからの障害者雇用のテーマとなる最新の話題かつ素晴らしい内容が揃いました。2016年4月から施行された障害者差別解消法により、何がどう変わるのか、職場では合理的配慮をどのように提供するのがよいのか、正しい知識を持つことが重要です。雇用主と労働者がお互いの声に耳を傾け合うことが何よりも大切で、双方の理解と工夫があれば、当事者のみなさんはいくらでも活躍できるはずです。毎回ご協力いただいている共著の池嶋貫二さん、林哲也先生及びコラム執筆を快く引き受けてくださった方々のおかげで、本書は多角的な視点を備えることができました。当事者に向き合い、専門家の視点から当事者を見守り、支援に全力を注いでいる関係者の皆様に心より御礼を申し上げます。

　障害者雇用の現状は大きく変化しています。発達障害のある人の就職件数が伸びていく一方で、さらなるステップアップを目指し、転職を考える人も出てくるでしょう。本書が社会で活躍する方々のキャリアを考えるうえでの大きなヒントとなり、さらに一人でも多くの方が充実したキャリア＆ライフを過ごされることを願っています。

石井京子

著者

石井京子（第1章・第3章・第4章・第6章）
一般社団法人　日本雇用環境整備機構　理事長
上智大学外国語学部英語学科卒業。通信会社を経て、人材サービス会社で障害のある方の人材紹介事業に従事。数多くの企業へ障害者雇用に関するコンサルティングサービスを提供するほか、障害や難病を持つ方の就労支援に幅広く対応。発達障害のある方の就労に関する執筆や講演活動などにも積極的に取り組む。

池嶋貫二（第3章・第5章・第6章）
セットパワード・アソシエイツ　代表
一般社団法人　日本雇用環境整備機構　理事
近畿大学理工学部数学物理学科卒業。SIer企業を経て、特例子会社・人材サービス企業にて障害者の人材紹介、人事採用、事業マネジメントなどに従事。2009年に障害者の就活支援と企業の障害者採用支援の事業を神戸市で創業。障害・がん疾病啓発活動の講師も担う。2012、2013年に兵庫県障害者雇用促進アドバイザーを務める（障害者しごと体験事業）。

林　哲也（第2章）
さいとうクリニック（精神科）医師
合同会社ライムライト　代表
信州大学医学部卒業。さいとうクリニック（東京都港区）での精神科外来診療の他、自身が代表を務める合同会社ライムライトでは、ヒューマン・コンサルティングサービス（企業のメンタルヘルス相談、大人の発達障害相談、グリーフカウンセリング、医療通訳・翻訳等）を提供している。複数企業の産業医、日本薬科大学客員教授も兼任。

コラム執筆者（掲載順）

小島健一
牛島総合法律事務所／弁護士
東京大学法学部卒業、1994年弁護士登録（第二東京弁護士会）
予防的な助言から紛争解決まで幅広く企業法務の経験を積む。主な専門分野は、人事労務（労働法）等。特にメンタル不調が関わる深刻な案件に数多く携わり、近年は、産業保健全般、精神障害者雇用にまで領域を広げている。産業保健研究会（さんぽ会）幹事、産業保健法学研究会（産保法研）評議員などをつとめる。

奥脇 学
有限会社奥進システム　代表取締役
2000年に起業。WEB業務管理システム開発、ホームページ制作を行う会社（社員10人のうち8人が障害者）。企業の立場から障害者の就労問題に関わり、公益社団法人全国重度障害者雇用事業所協会 常務理事、社会福祉法人ぷろぼの 理事、特定非営利活動法人大阪障害者雇用支援ネットワーク 理事、大阪LD親の会「おたふく会」副代表などを務める。

井澤信三
兵庫教育大学大学院特別支援教育専攻・教授
1999年3月に東京学芸大学大学院連合学校教育学研究科（博士課程）を修了し、博士（教育学）を取得する。専門は応用行動分析学・発達障害臨床心理学（臨床心理士、S.E.N.S.-SV）。特に、自閉症スペクトラム障害のある幼児から成人、またその保護者や支援者への支援、および地域における支援体制づくりに取り組んでいる。

髙島章光
髙島法律事務所代表／弁護士
京都大学法学部卒業、2005年弁護士登録（兵庫県弁護士会）
兵庫県弁護士会 高齢者・障害者総合支援センター運営委員会委員
裁判手続に対応する事件法務だけでなく、紛争を未然に防止する予防法

務、企画法務を重点的に取り扱う。障害者福祉関連法の分野においては、顧問弁護士として、各種団体の障害者支援事業の法律問題の解決に携わるほか、障害者福祉法令に関する社内研修・講演活動などにも積極的に取り組む。

高塚苑美
株式会社グローバルセールスパートナーズ　代表取締役
公益社団法人 子どもの発達科学研究所　特別顧問
輸入車業界で日本一の販売実績をもつ。現在は実績を活かし、セールス＆マーケティングコンサルタントとして活動。農家から自治体まで幅広いクライアントを持ち、女性の目線を活かした商品開発、販路開拓、ビジネスモデル・プロデュースを手がけるほか、講演でも活躍。2016年からは一般社団法人ウィメンズヘルス協会を立ち上げ、女性のQOL向上のため、国内外の支援活動にも取り組んでいる。

人材紹介のプロがつくった
発達障害の人の転職ノート

2016（平成28）年11月15日　初版1刷発行

著　者　石井京子・池嶋貫二・林哲也
発行者　鯉渕友南
発行所　株式会社　弘文堂　101-0062　東京都千代田区神田駿河台1の7
　　　　TEL03(3294)4801　　　振替00120-6-53909
　　　　http://www.koubundou.co.jp

ブックデザイン　松村大輔
印　刷　大盛印刷
製　本　井上製本所

Ⓒ 2016 Kyoko Ishii et al., Printed in Japan.

JCOPY　<（社）出版者著作権管理機構　委託出版物>
本書の無断複写は著作権法上での例外を除き禁じられています。複写される場合は、そのつど事前に、出版者著作権管理機構（電話 03-3513-6969、FAX 03-3513-6979、e-mail : info@jcopy.or.jp）の許諾を得てください。
また本書を代行業者等の第三者に依頼してスキャンやデジタル化することは、たとえ個人や家庭内での利用であっても一切認められておりません。

ISBN978-4-335-65172-4